ヨーロッパ
お菓《か》子《し》物《もの》語《がたり》

今《いま》田《だ》美《み》奈《な》子《こ》

絵《え》／青山《あおやま》みるく

朝日学生新聞社

写真　渡辺英明

はじめに

世界《せかい》の人々《ひとびと》と心《こころ》をつなぐお菓子《かし》

世界中《せかいじゅう》が今《いま》、大《おお》きく変《か》わろうとしています。このような時代《じだい》に生《い》きる私《わたし》たちは、すべての国《くに》の人々《ひとびと》となかよくして、平和《へいわ》な地球《ちきゅう》を築《きず》きあげていきたいものですね。

そのためにはまず、日本だけではなく世界《せかい》の国《くに》を「知《し》る」ことが必要《ひつよう》です。それはむずかしいことではありません。例《たと》えばそれぞれの国《くに》の人々《ひとびと》が、日々《ひび》の暮《く》らしの中《なか》でいつくしんでいるお菓子《かし》について知《し》ることも一つです。

お菓子《かし》の甘《あま》みは、脳《のう》の疲《つか》れをパッととるとともに楽《たの》しい気分《きぶん》にしてくれます。だから大切《たいせつ》な集《あつ》まりの食事《しょくじ》の終《お》わりやお茶《ちゃ》のおもてなし、お祝《いわ》いの日《ひ》には、かならずといってよいほどお菓子《かし》を味《あじ》わい、喜《よろこ》びを分《わ》かち合《あ》います。

幾世紀《いくせいき》にもわたり愛《あい》され続《つづ》けている伝統《でんとう》のお菓子《かし》の名前《なまえ》を知《し》り、お菓子《かし》が生《う》まれた歴史的《れきしてき》な背景《はいけい》を知《し》り、さらにそれを作《つく》ることができたら、なんてすてきなことでしょう。お菓子《かし》を通《とお》してその国《くに》に親《した》しみを感《かん》じることになるでしょう。

この本《ほん》は、地球《ちきゅう》の未来《みらい》をつくる子《こ》どもたちが夢《ゆめ》を持《も》ち、その夢《ゆめ》をかなえる人《ひと》になることを願《ねが》って作《つく》りました。

中《なか》でも、東《ひがし》日本大震災《だいしんさい》にあい、多《おお》くの困難《こんなん》を乗《の》り越《こ》えようとしている被災地《ひさいち》の子《こ》どもたちが、世界《せかい》に目《め》を向《む》け、共《とも》に手《て》をつなぐことの大切《たいせつ》さを感《かん》じてくれること。未来《みらい》に夢《ゆめ》と希望《きぼう》を持《も》ってもらえることを願《ねが》っています。

目《もく》次《じ》

第《だい》三章《しょう》　ユニークな名前《なまえ》や形《かたち》のお菓子《かし》

印《じるし》はレシピ付《つ》き

お菓子《かし》の 材料《ざいりょう》と道具《どうぐ》

お菓子《かし》の材料《ざいりょう》は単純《たんじゅん》です。焼《や》き菓子《がし》は、小麦粉《こむぎこ》と卵《たまご》と砂糖《さとう》、バターが主《おも》な材料《ざいりょう》です。これでふんわりとしたスポンジケーキや、うすい生地《きじ》のタルトやクッキーなどとして焼《や》き、フルーツやクリーム類《るい》をあしらうだけです。

デザートやソース類《るい》を作《つく》るには、牛乳《ぎゅうにゅう》と卵《たまご》と砂糖《さとう》が基本材料《きほんざいりょう》です。

道具《どうぐ》は材料《ざいりょう》を混《ま》ぜる泡立《あわだ》て器《き》やボウル（大小《だいしょう》）、ふるい（大小《だいしょう》）、まな板《いた》、計量《けいりょう》カップや計《はか》りなどが基本《きほん》。ゴムべらやはけ、ペティナイフ、しぼり袋《ぶくろ》や口金《くちがね》、ケーキ型《がた》などは、必要《ひつよう》に応《おう》じてそろえましょう。オーブンは、ケーキ型《がた》の24センチの焼《や》き型《がた》が入《はい》る家庭用《かていよう》があれば理想的《りそうてき》です。

そして、大切《たいせつ》なことは、お菓子《かし》用《よう》の道具《どうぐ》は、日常《にちじょう》のにおいや汚《よご》れのあるものはさけ、新《あたら》しくて、清《せい》潔《けつ》なものを使用《しよう》することです。お菓子《かし》は、繊細《せんさい》な香《かお》りや舌《した》ざわりを楽《たの》しむものですから。

また、レシピ（配合《はいごう》）も重要《じゅうよう》です。計量《けいりょう》は正確《せいかく》に行《おこな》ってください。計量《けいりょう》をおこたるとおいしいお菓子《かし》は作《つく》れませんよ。

1 ボウル

2 ふるい（裏《うら》ごしにも使用《しよう》）

3 はかり

4 計量《けいりょう》カップ

5 ふるい（小《しょう》）（仕上《しあ》げの粉糖《ふんとう》をふるう）

6 バット

7 木《き》べら

8 ゴムべら

9 はけ

10 ケーキ用《よう》まな板《いた》

11 小型泡立《こがたあわだ》て器《き》

12 泡立《あわだ》て器《き》

13 めん棒《ぼう》

14 ペティナイフ

基本《きほん》テクニック

ケーキをおいしく作《つく》るために
基本《きほん》テクニックをおさえておきましょう

道具《どうぐ》

ボウル	木《き》べら	めん棒《ぼう》
ふるい	はけ	まな板《いた》
なべ	クッキングシート（オーブン用《よう》）	食品用《しょくひんよう》ラップ
泡立《あわだ》て器《き》	ケーキ型《がた》（18 センチ）	ナイフ　など
ゴムべら	バット	

スポンジケーキを焼《や》く

材料《ざいりょう》

卵《たまご》　……3 個《こ》
グラニュー糖《とう》　……100 グラム
薄力粉《はくりきこ》　……100 グラム
無塩《むえん》バター　……50 グラム

❶ 薄力粉《はくりきこ》をふるいにかける。

❷ 無塩《むえん》バターは溶《と》かしておく。

❸ ボウルに卵《たまご》とグラニュー糖《とう》を入《い》れ、泡立《あわだ》て器《き》ですり混《ま》ぜ、湯《ゆ》せん（60度《ど》くらいのお湯《ゆ》）にかける。

❹ 人肌程度《ひとはだていど》の温《あたた》かさになったら、湯《ゆ》からはずし、しっかりと泡立《あわだ》てる。白《しろ》っぽくなり、泡立《あわだ》て器《き》ですくうとリボン状《じょう》にたれて、後《あと》がしっかり残《のこ》るまで泡立《あわだ》てる。

❺ 薄力粉《はくりきこ》を一度《いちど》に加《くわ》え、ゴムべらでさっくりと混《ま》ぜ合《あ》わせる。

❻ 溶《と》かした無塩《むえん》バターを加《くわ》え、全体《ぜんたい》に混《ま》ぜる。

❼ クッキングシートをしいた型《かた》に❻の生地《きじ》を流《なが》し入《い》れ、170度《ど》に温《あたた》めておいたオーブンで30〜35分《ふん》焼《や》く。

❽ 焼《や》き上《あ》がったら型《かた》からはずし、冷《さ》ます。

ホイップクリームを作《つく》る

材料《ざいりょう》

生《なま》クリーム ……350ミリリットル
グラニュー糖《とう》 ……25グラム
（「オリゴのおかげ」の場合《ばあい》 ……40グラム）

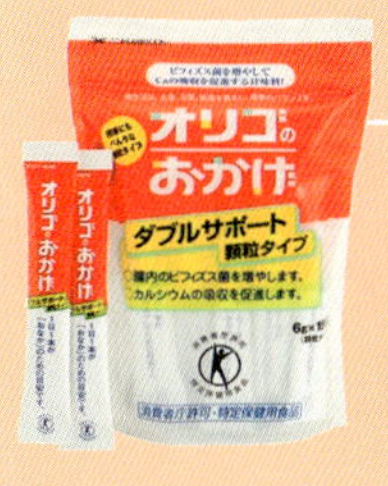

オリゴのおかげ

レシピに使用されている「オリゴのおかげ」（顆粒）は、ビフィズス菌を増やして、おなかの調子を良好に保つ甘味料です。ドラッグストア、薬局、薬店で手に入ります。

❶ 生《なま》クリームを氷水《こおりみず》で冷《ひ》やしながら、泡《あわ》立《だ》て器《き》でボウルの底《そこ》をこするように泡《あわ》立《だ》てる。

❷ やや泡《あわ》立《だ》ってきたら、グラニュー糖《とう》（または「オリゴのおかげ」）を加《くわ》え、さらに泡《あわ》立《だ》てる。

❸ 泡《あわ》立《だ》て器《き》ですくうと、ゆるやかに角《つの》が立《た》ち、おじぎするぐらいの固《かた》さ（八分《ぶ》立《だ》て）になったら手《て》を止《と》め、冷《ひ》やす。

カスタードクリームを作《つく》る

材料《ざいりょう》

卵黄《らんおう》 ……3個《こ》
グラニュー糖《とう》 ……50グラム
薄力粉《はくりきこ》 ……20グラム
牛乳《ぎゅうにゅう》 ……250ミリリットル
バニラビーンズ ……2センチ
（またはバニラエッセンス 少々《しょうしょう》）

❶ なべに牛乳《ぎゅうにゅう》、さやから種《たね》をしごいたバニラビーンズを入《い》れ、火《ひ》にかけ、沸騰直前《ふっとうちょくぜん》まで温《あたた》める。

❷ ボウルに卵黄《らんおう》を入《い》れ、グラニュー糖《とう》を少《すこ》しずつ入《い》れながら、泡《あわ》立《だ》て器《き》ですり混《ま》ぜる。

❸ ふるいにかけた薄力粉《はくりきこ》も加《くわ》え、よく混《ま》ぜる。

❹ ❸のボウルに❶の牛乳《ぎゅうにゅう》を入《い》れ、混《ま》ぜる。

❺ 再《ふたた》び、なべにもどし、中火《ちゅうび》にかける。木《き》べらで底《そこ》がこげないように混《ま》ぜながら温《あたた》める。

❻ ぶつぶつとろみがつき始《はじ》めても、さらにしばらく混《ま》ぜながら温《あたた》める。つやが出《で》てきたら、火《ひ》を止《と》め、バットなどに移《うつ》し、表面《ひょうめん》にラップをかけて冷《ひ》やす。

❼ 完全《かんぜん》に冷《さ》めたら、裏《うら》ごしをしてなめらかな状態《じょうたい》にする。

第《だい》一章《しょう》

人名《じんめい》にかかわるお菓子《かし》

フランス ガレット・デ・ロア

美食《びしょく》の国《くに》であるフランスには、たくさんの有名《ゆうめい》なお菓子《かし》がありますが、一月初《はじ》めにふさわしいお菓子《かし》といえば「ガレット・デ・ロア」でしょう。

「ガレット・デ・ロア」は、ロワール地方《ちほう》で繁栄《はんえい》したバロア朝《ちょう》の王《おう》さま、フランソワ一世《せい》にささげられたお菓《か》子《し》です。キリスト降誕《こうたん》のとき、東方《とうほう》から三人《にん》の博士《はかせ》が訪《おとず》れ、お祝《いわ》いしたという話《はなし》にちなんで、フランスでは、毎年《まいとし》一月六日の「エピファニー」（公現祭《こうげんさい》）の祝日《しゅくじつ》に食《た》べられます。

アーモンドクリーム入《い》りの塩《しお》けのあるパイで、上《うえ》に王冠《おうかん》をのせるしきたりがあります。「フェーブ」と呼《よ》ばれる陶製《とうせい》の小《ちい》さな人形《にんぎょう》が中《なか》に一つ入《はい》っていて、フェーブが当《あ》たった人《ひと》は、その日《ひ》一日、王《おう》さまになれるという楽《たの》しい習慣《しゅうかん》が残《のこ》っています。

日本では、十二月二十五日が終《お》わると町《まち》はお正月《しょうがつ》ムードに一変《いっぺん》しますが、キリスト教《きょう》を信《しん》じる国々《くにぐに》では、一月六日までがクリスマスです。年《とし》が明《あ》けるとケーキ屋《や》さんには「ガレット・デ・ロア」が並《なら》びます。新《しん》年《ねん》をむかえた喜《よろこ》びと春《はる》の訪《おとず》れを感《かん》じさせるお菓子《かし》です。

フランスのお菓子《かし》の特徴《とくちょう》

第《だい》一に「王家《おうけ》から生《う》まれた」ということです。貴婦人《きふじん》たちは、イメージアップのために自分《じぶん》の名《な》をつけた美《うつく》しい生菓子《なまがし》を競《きそ》って作《つく》りました。マリー・アントワネット妃《ひ》やポンパドール侯爵夫人《こうしゃくふじん》をはじめ、貴婦人《きふじん》の名《な》がつけられたお菓子《かし》は今《いま》でも残《のこ》っています。第《だい》二に「素材《そざい》がよい」こと。農業国《のうぎょうこく》フランスでは、昔《むかし》からよい小麦《こむぎ》や果物《くだもの》がとれました。地名《ちめい》がついたお菓子《かし》は、その土地《とち》の果実《かじつ》を使《つか》っています。第《だい》三に「形《かたち》がおもしろい」こと。「シュークリーム」は、ユニークな形《かたち》をしています。ふくらませるためには技術《ぎじゅつ》が必要《ひつよう》で、その技術《ぎじゅつ》の特徴《とくちょう》を表《あらわ》す名《な》がつけられています。

フランスのお菓子《かし》

マドレーヌ（ロレーヌ地方《ちほう》）シェル（貝《かい》）型《がた》で焼《や》いたお菓子《かし》。ふくれた部分《ぶぶん》を「マドレーヌのおへそ」と呼《よ》びます。

クグロフ（アルザス地方《ちほう》）アントワネット妃《ひ》が愛《あい》したお菓子《かし》。

はるかはるか昔《むかし》のお話《はなし》です。
世界《せかい》に平和《へいわ》を
もたらすために
小《ちい》さな赤《あか》ちゃんが
ベツレヘムの馬小屋《うまごや》で
生《う》まれました。
その子《こ》の誕生《たんじょう》を
お祝《いわ》いするために
東《ひがし》の国《くに》から
遠《とお》い道《みち》をはるばるこえて
三人《にん》の博士《はかせ》たちが
やってきました。
その日《ひ》が一月六日、
エピファニー。
クリスマスから数《かぞ》えて
十二夜目《じゅうにやめ》。
クリスマスのお祭《まつ》りは、
今日《きょう》でおしまいです。
「ガレット・デ・ロア」で
お祝《いわ》いしましょう。
中《なか》から小《ちい》さなお人形《にんぎょう》が
出《で》てきたらとてもラッキー。
今日《きょう》だけ
あなたが「王《おう》さま」です。

ガレット・デ・ロア の 作《つく》り方《かた》

道《どう》具《ぐ》

ボウル
ふるい
泡《あわ》立《だ》て器《き》
ゴムべら
はけ
ナイフ　など

材《ざい》料《りょう》（15センチ型《がた》1台分《だいぶん》）

冷凍《れいとう》パイシート（20センチ×20センチ）……2枚《まい》

アーモンドパウダー　……50グラム

無塩《むえん》バター　……50グラム

グラニュー糖《とう》　……50グラム

卵《たまご》　……1個《こ》

〈つや出《だ》し用《よう》〉

卵黄《らんおう》　……1個分《こぶん》

水《みず》　……大《おお》さじ1

塩《しお》　……ひとつまみ

〈その他《た》〉

フェーブ　……1個《こ》

※フェーブがない場合《ばあい》はアーモンドで代用《だいよう》

❶冷凍《れいとう》パイシートは、冷蔵庫《れいぞうこ》で解《かい》凍《とう》しておく。アーモンドパウダーは、ふるいでふるっておく。無塩《むえん》バターは室温《しつおん》でやわらかくしておく。

❷やわらかくした無塩《むえん》バターとグラニュー糖《とう》をボウルに入《い》れ、泡《あわ》立《だ》て器《き》でよく混《ま》ぜ、アーモンドクリームを作《つく》る。

❸白《しろ》っぽく、ふんわりとしてきたら、溶《と》いた卵《たまご》を少《すこ》しずつ加《くわ》え、しっかり混《ま》ぜる。

❹アーモンドパウダーを加《くわ》え、ゴムべらを使《つか》い、むらなく混《ま》ぜる。

❺パイシートを2枚《まい》丸《まる》く切《き》りとり、1枚《まい》の中央《ちゅうおう》にアーモンドクリームをのせ、丸《まる》く広《ひろ》げる。縁《ふち》は2センチ程度《ていど》残《のこ》しておく。

❻❺のアーモンドクリームに当《あ》たりのフェーブ（またはアーモンド）をうめこむ。もう1枚《まい》のパイシートをかぶせ、端《はし》を手《て》でおさえながらくっつける。

❼パイの周《まわ》りをナイフで軽《かる》く切《き》りこみを入《い》れる。

❽卵黄《らんおう》に水《みず》、塩《しお》を加《くわ》えてよく混《ま》ぜ、つや出《だ》し用《よう》の卵液《たまごえき》を作《つく》る。これをはけでパイの表面《ひょうめん》にうすく均《きん》等《とう》にぬる。

❾パイの表面《ひょうめん》にナイフで軽《かる》くもようを入《い》れる。

❿予《よ》熱《ねつ》しておいたオーブンに入《い》れ、190度《ど》で、30～35分《ふん》焼《や》く。

ここが　ポイント

ナイフに手《て》をそえ、パイ生《き》地《じ》の表面《ひょうめん》にナイフで軽《かる》く葉《は》のもようを入《い》れていく。

イタリア ズコット

昔《むかし》、ローマ帝国《ていこく》が栄《さか》えたイタリアは、古《ふる》くからキリスト教《きょう》（ローマ・カトリック）を信《しん》じていて、キリスト教《きょう》に影響《えいきょう》された文化《ぶんか》が花開《はなひら》きました。

フィレンツェ（トスカーナ州《しゅう》）生《う》まれの「ズコット」は、イタリア語《ご》の「ズケット（聖職者《せいしょくしゃ》の帽子《ぼうし》という意味《いみ》）」を由来《ゆらい》としていて、カトリックの聖職者《せいしょくしゃ》がかぶる小《ちい》さな帽子《ぼうし》に似《に》ているのでその名前《なまえ》がつけられました。いかにもユーモアあふれるイタリア人《じん》らしい発想《はっそう》のお菓子《かし》ですね。

カトリックの中《なか》で高《たか》い位《くらい》である「司教《しきょう》」は、文化面《ぶんかめん》のリーダーで、司教《しきょう》が暮《く》らす修道院《しゅうどういん》は社交《しゃこう》の場《ば》でした。そこからおいしいドルチェ（デザート）も世界《せかい》に発信《はっしん》されていきました。「ズコット」もその一つです。三角形《さんかくけい》に切《き》ったうすいスポンジを型《かた》の内側《うちがわ》に並《なら》べ、リキュール（蒸留酒《じょうりゅうしゅ》に糖分《とうぶん》や果実《かじつ》エキス、香料《こうりょう》などを加《くわ》えたもの）をはけでぬります。その中《なか》にチョコレートやナッツをふくんだクリームをつめこみ、スポンジ生《き》地《じ》でふたをします。逆《さか》さにして型《かた》をはずすとできあがりです。チョコレートのほろ苦《にが》さとクリームの甘《あま》さが生《う》み出《だ》すハーモニーは格別《かくべつ》です。

イタリアのお菓子《かし》の特徴《とくちょう》

ヨーロッパでお菓子《かし》作《づく》りの技術《ぎじゅつ》が発達《はったつ》したのは、イタリアだといわれます。中《なか》でもフィレンツェを実質的《じっしつてき》に支配《しはい》していたメディチ家《け》が、美食《びしょく》を世界《せかい》に広《ひろ》めました。

作《つく》り方《かた》は単純《たんじゅん》ですが、上質《じょうしつ》な素材《そざい》を生《い》かしたお菓子《かし》や、健康《けんこう》によいハーブを使《つか》ったお菓子《かし》など、センスが光《ひか》るお菓子《かし》が特徴《とくちょう》です。また、「パンナコッタ」や「ティラミス」など、地域《ちいき》ごとにさまざまなお菓子《かし》が生《う》まれたことも特徴《とくちょう》といえるでしょう。

イタリアのお菓子《かし》

パンナコッタ（ピエモンテ州《しゅう》）生《なま》クリームから作《つく》るお菓子《かし》。「パンナ」は「生《なま》クリーム」、「コッタ」は「煮《に》る」という意味《いみ》。

ティラミス（ベネト州《しゅう》）マスカルポーネチーズとエスプレッソを使《つか》って作《つく》るムース状《じょう》のお菓子《かし》。「ティラミス」は、「わたしを元気《げんき》づけて」という意味《いみ》。

正午《しょうご》を知《し》らせる
アンジェラスの鐘《かね》の音《ね》が
町中《まちじゅう》にひびいています。
今日《きょう》のお昼《ひる》は
マリオさんのお店《みせ》でピザを
食《た》べることになりました。
ドルチェは
もちろんスコットです。
司教《しきょう》さまがかぶる
帽子《ぼうし》の形《かたち》をした
おもしろいお菓子《かし》は
チョコレートの
とてもいい香《かお》りがして
わたしを幸《しあわ》せ気分《きぶん》に
してくれます。

道《どう》具《ぐ》

ボウル
泡《あわ》立《だ》て器《き》
ゴムべら
ふるい（小《しょう》）
食品用《しょくひんよう》ラップ
ナイフ　など

ズコット の 作《つく》り方《かた》

材《ざい》料《りょう》（直径《ちょっけい》15センチ型《がた》1台分《だいぶん》）

市販《しはん》のスポンジケーキ（18センチ）……1台《だい》

〈クリーム〉

マスカルポーネチーズ ……200グラム

生《なま》クリーム ……150ミリリットル

グラニュー糖《とう》 ……15グラム

アーモンド（軽《かる》く焼《や》いたもの） ……10粒《つぶ》

スイートチョコレート ……25グラム

〈飾《かざ》り用《よう》〉

粉糖《ふんとう》 ……適量《てきりょう》

ココア ……適量《てきりょう》

❶アーモンドとチョコレートは、細《こま》かくきざんでおく。

❷生《なま》クリームをボウルに入《い》れ、グラニュー糖《とう》を加《くわ》え、泡立《あわだ》て器《き》でふんわりと軽《かる》く角《つの》が立《た》つ（七分《ぶ》立《だ》て）まで混《ま》ぜる。

❸マスカルポーネチーズをゴムべらで、やわらかく練《ね》っておき、そこへ❷の生《なま》クリーム、❶のアーモンド、チョコレートを入《い》れ、混《ま》ぜ合《あ》わせる。

❹スポンジケーキを厚《あつ》さ1センチ程度《ていど》にスライスし、二等辺三角《にとうへんさんかく》形《けい》に切《き》り分《わ》ける。

❺ラップをしいたボウルの内側《うちがわ》に並《なら》べる。

❻❺に❸のクリームをつめ、スポンジを円形《えんけい》にカットしたものでふたをする。

❼冷蔵庫《れいぞうこ》で冷《ひ》やし固《かた》めて、ボウルからはずし、粉糖《ふんとう》とココアをふるいでふって、もようをつける。

ここが ポイント

二等辺三角形《にとうへんさんかくけい》に切《き》り分《わ》けたスポンジケーキをボウルの内側《うちがわ》にすきまなく、丁寧《ていねい》に並《なら》べる。

スウェーデン
プリンセストータ

「プリンセストータ」（お姫《ひめ》さまのケーキ）は、スウェーデンの伝統的《でんとうてき》なデコレーションケーキです。王室《おうしつ》のお姫《ひめ》さまたちが、特《とく》にこのケーキがお気《き》に入《い》りだったのでこの名《な》がつきました。

スポンジケーキにカスタードクリームやラズベリージャムを交互《こうご》にはさみ、生《なま》クリームでコーティングした後《あと》、黄緑色《きみどりいろ》のうすいマジパン（アーモンドの粉末《ふんまつ》と砂糖《さとう》を混《ま》ぜてねんど状《じょう》にしたもの）で全体《ぜんたい》をおおいます。ケーキの上《うえ》にはマジパンで作《つく》った花《はな》を飾《かざ》ります。色《いろ》は黄緑色《きみどりいろ》が一般的《いっぱんてき》ですが、ピンクや黄色《きいろ》などもあります。

スウェーデンなど北欧《ほくおう》の国々《くにぐに》は、夏《なつ》が短《みじか》く、年間《ねんかん》を通《とお》して日照時間《にっしょうじかん》が短《みじか》いので、太陽《たいよう》がかがやく季節《きせつ》にあこがれます。黄緑色《きみどりいろ》のプリンセストータは、芽吹《めぶ》きのときを待《ま》ち望《のぞ》む祈《いの》りが生《う》み出《だ》したお菓子《かし》なのです。

スウェーデンのお菓子《かし》の特徴《とくちょう》

ヨーロッパの北部《ほくぶ》、スカンジナビア半島《はんとう》の東部《とうぶ》に位置《いち》するスウェーデンは、国土《こくど》の半分《はんぶん》を森林《しんりん》におおわれた国《くに》です。

スウェーデンの人《ひと》はお菓子《かし》が大好《だいす》きです。三時《じ》のおやつには、濃《こ》いめのコーヒーとお菓子《かし》が用意《ようい》されます。おやつの時間《じかん》を「フィーカ」と呼《よ》ぶそうで、フィーカ用《よう》のお菓子《かし》にはさまざまな形《かたち》や味《あじ》のお菓子《かし》が並《なら》びます。

スウェーデンのお菓子《かし》の特徴《とくちょう》は、なんといってもスパイスを多《おお》く使《つか》っていることです。スパイスには、体《からだ》を温《あたた》めるという作用《さよう》があり、いかにも寒《さむ》さが厳《きび》しい国《くに》らしいですね。シナモンやカルダモン、ナツメグ、クローブなどは、いろいろなお菓子《かし》に使《つか》われています。中《なか》でも黄色《きいろ》の色《いろ》を出《だ》すサフランは、主《おも》に秋《あき》から冬《ふゆ》にかけて使《つか》われます。この季節《きせつ》は葉《は》が黄《こ》金色《がねいろ》に変《か》わる「黄色《きいろ》の季節《きせつ》」といわれているからなんだそうです。

スウェーデンのお菓子《かし》

ソッケル・カーカ　レモンの皮《かわ》を練《ね》りこんだスポンジケーキ。

ジンジャーマンクッキー　十二月十三日の聖《せい》ルチア祭《さい》の後《あと》に食《た》べるショウガ風味《ふうみ》の焼《や》き菓子《がし》。バター風《ふう》味《み》のクッキー類《るい》もおくりものにされます。

北《きた》の町《まち》の春《はる》はおそく
重《おも》いコートを着《き》た人《ひと》が
行《い》き交《か》っています。
街角《まちかど》のお店《みせ》には
黄緑色《きみどりいろ》のケーキがならび
春《はる》を待《ま》ちわびているようす。
おとなりの家《いえ》のカイは
スケートぐつをしまって
サッカーボールを
みがき始《はじ》めました。
わたしは
バラのししゅうの
ブラウスを出《だ》して
光《ひかり》の季節《きせつ》のおとずれを
指《ゆび》おり数《かぞ》えて待《ま》っています。

プリンセストータの作《つく》り方《かた》

道《どう》具《ぐ》

ボウル
ふるい
なべ
泡《あわ》立《だ》て器《き》
ゴムべら
木《き》べら
クッキングシート（オーブン用《よう》）
はけ
ケーキ型《がた》（18センチ）
バット
めん棒《ぼう》
まな板《いた》
食品用《しょくひんよう》ラップ
ナイフ　など

材《ざい》料《りょう》（18センチケーキ型《がた》1台分《だいぶん》）

〈スポンジケーキ〉
卵《たまご》……3個《こ》
グラニュー糖《とう》……100グラム
薄力粉《はくりきこ》……100グラム
無塩《むえん》バター……50グラム

〈ホイップクリーム〉
生《なま》クリーム……200ミリリットル
砂糖《さとう》……10グラム
（「オリゴのおかげ」の場合《ばあい》……20グラム）

〈シロップ〉
水《みず》……100ミリリットル
グラニュー糖《とう》……50グラム

〈カスタードクリーム〉
卵黄《らんおう》……3個分《こぶん》
グラニュー糖《とう》……50グラム
薄力粉《はくりきこ》……20グラム
牛乳《ぎゅうにゅう》……250ミリリットル
バニラビーンズ……2センチ
（またはバニラエッセンス……少々《しょうしょう》）
ラズベリージャム……大《おお》さじ2
細工用《さいくよう》マジパン……250グラム
食用色素《しょくようしきそ》（赤《あか》・緑《みどり》）……各少々《かくしょうしょう》
粉糖《ふんとう》……適量《てきりょう》

❶P8〜P9「基本《きほん》テクニック」を参照《さんしょう》し「スポンジケーキ」「ホイップクリーム」「カスタードクリーム」を作《つく》る。

❷水《みず》とグラニュー糖《とう》をなべに入《い》れ、火《ひ》にかけてひと煮立《にた》ちさせ、冷《ひ》やし、シロップを作《つく》る。

❸食用色素《しょくようしきそ》をごく少量《しょうりょう》の水《みず》で溶《と》く。

❹マジパン緑《みどり》の分《ぶん》（200グラム）、ピンクの分《ぶん》（50グラム）に❸を練《ね》りこんでいく。マジパンはあらかじめやわらかくなるように手《て》でよく練《ね》っておく。

❹粉糖《ふんとう》を打《う》ち粉《こ》のようにふり、うすく広《ひろ》げ、その上《うえ》に緑色《みどりいろ》のマジパンを置《お》き、めん棒《ぼう》で厚《あつ》さ約《やく》3ミリになるように丸《まる》くのばす。

❺スポンジケーキを横《よこ》に4枚《まい》に切《き》る。

❻表面《ひょうめん》にシロップをはけでぬり、ラズベリージャム、カスタードクリーム、ホイップクリームの順番《じゅんばん》にはさんでいく。

❼最後《さいご》に全体《ぜんたい》にうすくホイップクリームをぬる。

❽❹でうすくのばした緑《みどり》のマジパンをケーキ全体《ぜんたい》にかぶせ、空気《くうき》が入《はい》らないように密着《みっちゃく》させる。はみ出《で》た余分《よぶん》なところはナイフで切《き》り落《お》とす。

❾ピンクのマジパンでバラの花《はな》をつくり、表面《ひょうめん》に飾《かざ》り、粉糖《ふんとう》をふる。

ここがポイント

マジパンをまな板《いた》にのせ、めん棒《ぼう》であまり力《ちから》を入《い》れずに均等《きんとう》にのばす。

ロシア

ロシアンゼリー

冬《ふゆ》が長《なが》く、氷《こおり》の世《せ》界《かい》に閉《と》ざされるロシア人《じん》にとって春《はる》や夏《なつ》は、心《こころ》の開《かい》放《ほう》を味《あじ》わう季《き》節《せつ》を意《い》味《み》します。心《こころ》おどるロシアの初《しょ》夏《か》を感《かん》じさせるオレンジ色《いろ》の「ロシアンゼリー」は、十八世《せい》紀《き》のロシアの女《じょ》帝《てい》エカテリーナ二世《せい》が作《つく》らせたお菓《か》子《し》です。

それまでは、焼《や》き菓《が》子《し》のようなものしかなく、アイスクリーム以《い》外《がい》には、ゼリーのようなやわらかなお菓《か》子《し》はありませんでした。エカテリーナ二世《せい》は、もともとはドイツ人《じん》で、ピョートル三世《せい》と結《けっ》婚《こん》した人《ひと》です。フランス王《おう》ルイ十四世《せい》の時《じ》代《だい》にあこがれていたエカテリーナ二世《せい》は、王《おう》位《い》につくと、フランスから料《りょう》理《り》人《にん》をまねき、フランスの食《しょく》文《ぶん》化《か》をとり入《い》れました。その一つがゼリーです。

「ロシアンゼリー」は、ミカンやモモ、アンズなどの三種《しゅ》類《るい》のフルーツコンポート（果《くだ》物《もの》のシロップ煮《に》）をつぶし、ゼラチンで固《かた》めたものです。本《ほん》来《らい》、風《かぜ》のようにさわやかなゼリーは、液《えき》体《たい》に近《ちか》い状《じょう》態《たい》が見《み》た目《め》にも美《うつく》しく、口《くち》あたりも繊《せん》細《さい》で望《のぞ》ましいのですが、ロシアの寒《さむ》い環《かん》境《きょう》の中《なか》ではそれはむずかしく、重《おも》い口《くち》あたりのゼリーになりました。

ロシアのお菓《か》子《し》の特《とく》徴《ちょう》

世《せ》界《かい》で一《いち》番《ばん》大《おお》きな国《くに》、ロシア。冬《ふゆ》は氷《ひょう》点《てん》下《か》の日《ひ》が続《つづ》き、厳《きび》しい自《し》然《ぜん》環《かん》境《きょう》の中《なか》に生《い》きるロシア人《じん》は、一《いっ》見《けん》、かたくて、がんこそうに見《み》えますが、実《じっ》はおおらかで、歌《うた》や詩《し》や踊《おど》りが大《だい》好《す》きな人《ひと》たちです。「舞《ぶ》台《たい》芸《げい》術《じゅつ》の王《おう》国《こく》」と呼《よ》ばれ、バレエ「白《はく》鳥《ちょう》の湖《みずうみ》」などの作《さく》品《ひん》でこの国《くに》を知《し》っている人《ひと》もいるでしょう。

ロシアのお菓《か》子《し》には、チョコレートボンボンなどのチョコレート菓《が》子《し》もありますが、一《いっ》般《ぱん》的《てき》にはかたくて、焼《や》きこんだクッキー状《じょう》のものが多《おお》いです。フランス菓《が》子《し》に見《み》られる軽《かろ》やかさや優《ゆう》雅《が》さには欠《か》けますが、素《そ》朴《ぼく》でなつかしい味《あじ》があふれています。

ロシアのお菓《か》子《し》

プリャーニク ハチミツを混《ま》ぜて作《つく》ったクッキーのようなお菓《か》子《し》。

チャクチャク ハチミツ味《あじ》のやわらかい「かりんとう」のようなお菓《か》子《し》。

まぶしい太陽《たいよう》のような
オレンジ色《いろ》をした
ロシアンゼリーは
フランスにあこがれた
女帝《じょてい》エカテリーナの
夢《ゆめ》のお菓子《かし》。
口《くち》に入《い》れると
つるんと
なめらかに
のどを冷《ひ》やしてくれます。
ゼリーを食《た》べながら
わたしもちょっぴり
お姫《ひめ》さま気分《きぶん》を味《あじ》わいます。

道《どう》具《ぐ》

小《ちい》さな容器《ようき》
木《き》べら
ボウル
ミキサー
なべ
ゼリー型《がた》 など

ロシアンゼリーの作《つく》り方《かた》

材《ざい》料《りょう》（直径《ちょっけい》15センチゼリー型《がた》）

黄桃《おうとう》の缶《かん》づめ ……1缶《かん》（約《やく》250グラム）

アンズの缶《かん》づめ ……1缶《かん》（約《やく》250グラム）

オレンジジュース（果汁《かじゅう》100パーセント）

……100～150ミリリットル

粉《こな》ゼラチン ……10グラム

水《みず》 ……50ミリリットル

レモン汁《じる》 ……2分《ぶん》の1個分《こぶん》

ミント ……少々《しょうしょう》

❶小《ちい》さな容器《ようき》に水《みず》を入《い》れ、その中《なか》へ粉《こな》ゼラチンをふり入《い》れ、よく混《ま》ぜ、15分《ふん》ほどおき、ふやかす。

❷黄桃《おうとう》、アンズの缶《かん》づめから飾《かざ》り用《よう》に使《つか》う分《ぶん》を取《と》り分《わ》け、残《のこ》りをミキサーへ入《い》れ、ピューレ状《じょう》にする。

❸❷でできたピューレを計《はか》り、500グラムになるようにオレンジジュースで調整《ちょうせい》する。

❹なべに❸を入《い》れ、火《ひ》にかけ、木《き》べらで混《ま》ぜる。煮《に》立《た》つ直前《ちょくぜん》で火《ひ》を止《と》め、❶のゼラチンを加《くわ》え予《よ》熱《ねつ》で溶《と》かす。

❺レモン汁《じる》を加《くわ》える。

❻ボウルに移《うつ》し、氷水《こおりみず》にあてて冷《さ》ます。

❼型《かた》に流《なが》して、冷蔵庫《れいぞうこ》で冷《ひ》やし固《かた》める。固《かた》まったら型《かた》からはずし、取《と》り分《わ》けておいた黄桃《おうとう》やアンズ、ミントを飾《かざ》る。

ここが ポイント

水《みず》の中《なか》に粉《こな》ゼラチンをふり入《い》れ、泡立《あわだ》て器《き》でよく混《ま》ぜる。その後《ご》、15分《ふん》ほどふやかす。

ハンガリー
ドボシュ・トルテ

ドボシュ・トルテは、十九世紀後《せいきこう》半《はん》、ハンガリーの首都《しゅと》ブダペストで活躍《かつやく》した菓子職人《かししょくにん》で、高級食材店《こうきゅうしょくざいてん》の主人《しゅじん》だったドボシュさんが生《う》み出《だ》したお菓子《かし》です。オーストリア皇帝《こうてい》で、ハンガリー王《おう》だったフランツ・ヨーゼフ一世《せい》がこよなく愛《あい》したお菓子《かし》としても知《し》られています。王《おう》の妻《つま》であるエリザベート妃《ひ》を喜《よろこ》ばせるためにドボシュさんが考《かんが》えたケーキだとも伝《つた》えられていますが、どこまで本当《ほんとう》かはわかりません。

チョコレートのバタークリームとうすいスポンジケーキを何層《なんそう》にも重《かさ》ね、表面《ひょうめん》をキャラメルとナッツでおおって仕上《しあ》げるトルテ（ケーキ）は、ウィーン（オーストリアの首都《しゅと》）にも広《ひろ》がり、大評判《だいひょうばん》になりました。

一八九六年、オーストリアで開《ひら》かれた万国博覧会《ばんこくはくらんかい》のときに、ドボシュさんは自分《じぶん》の名前《なまえ》のパビリオンを出《だ》して、作《つく》りたてのドボシュ・トルテを提供《ていきょう》しました。それがきっかけでドボシュ・トルテは、世界中《せかいじゅう》に知《し》られることになりました。

ハンガリーのお菓子《かし》の特徴《とくちょう》

ハンガリーは、プスタと呼《よ》ばれる大平原《だいへいげん》が広《ひろ》がり、ドナウ川《がわ》が流《なが》れる自然豊《しぜんゆた》かな国《くに》です。

十九世紀《せいき》、ハプスブルク家《け》がオーストリアとハンガリーを統治《とうち》する二重帝国《じゅうていこく》を成立《せいりつ》させると、ブダペストでもウィーンのようなカフェ文化《ぶんか》が花開《はなひら》きました。そのため多《おお》くの菓子《かし》職人《しょくにん》がブダペストに集《あつ》まり、うでを競《きそ》ったといわれます。

このような歴史《れきし》を背景《はいけい》にしているためにハンガリーのお菓子《かし》は、オーストリアや隣国《りんこく》のドイツ、ロシアの影響《えいきょう》を大《おお》きく受《う》けています。見《み》かけは素朴《そぼく》ですが、良質《りょうしつ》な牛乳《ぎゅうにゅう》で作《つく》られたチーズやクリームを使《つか》ったものや、チョコレートを使《つか》った繊細《せんさい》で美《うつく》しいものが多《おお》いのも特徴《とくちょう》といえるでしょう。

ハンガリーのお菓子《かし》

クルトシュ ハンガリーなどに伝《つた》わる焼《や》き菓子《がし》。クルトシュの「クルト」は、ハンガリー語《ご》で「えんとつ」を意味《いみ》し、「えんとつケーキ」や「暖炉《だんろ》ケーキ」とも呼《よ》ばれます。

初夏《しょか》。
マーガレットの花《はな》が
咲《さ》く季節《きせつ》です。
お母《かあ》さんが
お花《はな》のししゅう入《い》りの
かわいい民族衣装《みんぞくいしょう》を
作《つく》ってくれました。
今日《きょう》は花祭《はなまつ》り。
幸《しあわ》せ気分《きぶん》で
ダンスをおどりました。
ドナウの川面《かわも》を
やさしい風《かぜ》が吹《ふ》き
お祭《まつ》りの音楽《おんがく》を
運《はこ》んでいます。
これから
妹《いもうと》のレーカと
急《いそ》いで家《いえ》に帰《かえ》って
ドボシュ・トルテで
お祝《いわ》いです。

オーストリア

ザッハ・トルテ

オーストリアの代表的《だいひょうてき》なお菓子《かし》といえば、一八三二年にフランツ・ザッハが作《つく》った「ザッハ・トルテ」でしょう。宰相《さいしょう》だったメッテルニヒは、おかかえコックのザッハに「後《こう》世《せい》に残《のこ》るようなお菓子《かし》を作《つく》るように」と命令《めいれい》。そして、生《う》み出《だ》されたのがこの「ザッハ・トルテ」です。メッテルニヒの命令通《めいれいどお》りに世界《せかい》で最《もっと》も有名《ゆうめい》なトルテ（丸《まる》いケーキ）になりました。

小麦粉《こむぎこ》にバター、砂糖《さとう》、卵《たまご》、チョコレートを材料《ざいりょう》にした生地《きじ》を焼《や》き、アンズジャムをはさみ、表面全体《ひょうめんぜんたい》をチョコレートアイシングでコーティングします。いただくときには、泡《あわ》立《だ》てた生《なま》クリームをたっぷりそえて食《た》べるのがウィーン風《ふう》。ザッハ・トルテのすばらしい点《てん》は、熱《ねつ》に弱《よわ》いチョコレートを砂糖《さとう》の力《ちから》を借《か》りることで溶《と》けないようにし、味《あじ》と香《かお》りを閉《と》じこめていることです。甘《あま》いながらも後味《あとあじ》がよく、何度《なんど》食《た》べてもあきない味《あじ》の中《なか》には、熟練《じゅくれん》の技《わざ》がかくされているのですね。

オーストリアのお菓子《かし》の特徴《とくちょう》

エリザベート妃《ひ》が嫁《とつ》いだことでも有名《ゆうめい》なハプスブルク家《け》は、政略結婚《せいりゃくけっこん》をくり返《かえ》して他国《たこく》と縁《えん》を作《つく》ったり、近隣《きんりん》の国《くに》と戦《たたか》ったりしたために、他《た》国《こく》の影響《えいきょう》を受《う》けました。そのおかげでオーストリアの首都《しゅと》ウィーンにはいろいろな国《くに》のお菓子《かし》が伝《つた》わり、ウィーンの菓子職人《かししょくにん》はそれを取《と》りこんで、品格《ひんかく》と高《たか》い技術《ぎじゅつ》を必要《ひつよう》とするお菓子《かし》へと作《つく》り変《か》えていきました。

ウィーンには「ヤオゼ」と呼《よ》ばれるおやつの習慣《しゅうかん》があります。午後《ごご》三時《じ》～五時《じ》ごろに集《あつ》まって、お菓子《かし》とコーヒーをいただきながら楽《たの》しく過《す》ごします。「ウィーンのカフェは、スイスの銀行《ぎんこう》の数《かず》ほどある」といわれますが、たくさんのカフェを見《み》かけます。泡立《あわだ》てた生《なま》クリームを浮《う》かせた「ウィンナコーヒー」とともにいただくウィーン菓子《がし》は格別《かくべつ》です。

オーストリアのお菓子《かし》

シュトゥルーデル うすい生地《きじ》にリンゴなどの具《ぐ》を巻《ま》きこんで焼《や》いたオーストリア風《ふう》のパイ。

バニラキュッフェル 三日月形《みかづきがた》でサクサクとした食感《しょっかん》の焼《や》き菓子《がし》。

舞踏会《ぶとうかい》の夜《よる》。
バイオリンやチェロが
美《うつく》しい調《しら》べを奏《かな》で
食卓《しょくたく》にはおいしい食事《しょくじ》が
いろどりをそえています。
シャンデリアの
光《ひかり》の下《した》では
ダンスが始《はじ》まりました。
ワルツの曲《きょく》に合《あ》わせて
赤《あか》や青《あお》のドレスが
花《はな》のようにゆれています。
わたしも
小《ちい》さなバラの花《はな》に
なったよう。
夢《ゆめ》のような時間《じかん》が
流《なが》れていきます。

第二章《だいしょう》

土地《とち》の特産物《とくさんぶつ》を使《つか》ったお菓子《かし》

食器提供　アビランド輸入代理店（株）アイトー

ブルガリア

バニツァ

ブルガリアの家庭《かてい》でよく食《た》べられる「バニツァ」は、一般的《いっぱんてき》には「シレネ」と呼《よ》ばれる白《しろ》チーズを使《つか》ってオーブンで焼《や》いたチーズパイのことです。シレネは、主《おも》に牛乳《ぎゅうにゅう》から作《つく》られますが、ヤギや水牛《すいぎゅう》の乳《ちち》の場合《ばあい》もあるそうです。

バニツァは、シレネ入《い》りは塩味《しおあじ》、カボチャを入《い》れると甘《あま》い味《あじ》に、ラズベリーやブルーベリーなどの果物《くだもの》を入《い》れるとほのかな甘《あま》さになります。また、ネギや酢《す》づけキャベツが入《はい》るとおかずパイにもなり、中身《なかみ》によってデザートにも、朝食《ちょうしょく》にもなるすぐれものです。

特《とく》にクリスマスイブの食卓《しょくたく》に登場《とうじょう》するうず巻《ま》きの丸《まる》いバニツァには、とても楽《たの》しいしかけがあるんですって！　来年《らいねん》の運勢《うんせい》が書《か》かれた小《ちい》さな紙《かみ》をアルミホイルにくるんで生地《きじ》にしこんで焼《や》いた「クリスマスのおみくじバニツァ」は、クリスマスの食卓《しょくたく》を温《あたた》かく演出《えんしゅつ》してくれるそうですよ。

ブルガリアのお菓子《かし》の特徴《とくちょう》

ブルガリアは、「ヨーグルトの国《くに》」としておなじみですね。また、古《ふる》くから「バラの国《くに》」としても名高《なだか》く、香水《こうすい》などに使《つか》われるローズオイル（バラの花《はな》びらから抽出《ちゅうしゅつ》した精油《せいゆ》）の生産量《せいさんりょう》は世界一《せかいいち》をほこります。「液体《えきたい》の宝石《ほうせき》」と呼《よ》ばれる貴重《きちょう》で高《こう》価《か》なローズオイルは、年《ねん》に一度《ど》しか咲《さ》かないダマスクローズから採取《さいしゅ》されるものが最高級品《さいこうきゅうひん》で、「バラの谷《たに》」では毎年《まいとし》五月下旬《げじゅん》〜六月上旬《じょうじゅん》、朝日《あさひ》がのぼる前《まえ》からつみ取《と》り作業《さぎょう》が始《はじ》まるそうです。六月上旬《じょうじゅん》には「バラ祭《まつ》り」が開《ひら》かれ、世界中《せかいじゅう》から多《おお》くの人《ひと》が集《あつ》まり収穫《しゅうかく》をお祝《いわ》いします。

ブルガリアのお菓子《かし》の特徴《とくちょう》は、何《なん》といっても良質《りょうしつ》な牛乳《ぎゅうにゅう》と、その牛乳《ぎゅうにゅう》から作《つく》られるヨーグルトやチーズを使《つか》ったものが多《おお》いということでしょう。栄養価《えいようか》が高《たか》く、健康的《けんこうてき》なお菓子《かし》は、ブルガリアの国《くに》そのものを表《あらわ》しているようですね。

ブルガリアのお菓子《かし》

ケクス・ス・キセロ・ムリャコ

ヨーグルトの入《はい》ったスポンジケーキ。

バラの谷《たに》が
ピンク色《いろ》に
染《そ》まるのを合図《あいず》に
いっせいに
花《はな》つみが始《はじ》まります。
この美《うつく》しい
バラの花《はな》びらから
エジプトの女王《じょおう》
クレオパトラも
愛《あい》したという香水《こうすい》が
作《つく》られるのです。
日《ひ》の光《ひかり》に香《かお》りを
うばわれないように
お姫《ひめ》さまを守《まも》る
騎士《きし》のような気分《きぶん》で
そっとやさしく
花《はな》びらを集《あつ》めていきます。

道《どう》 具《ぐ》

ボウル
泡立《あわだ》て器《き》
ゴムべら
ナイフ　など

バニツァの作《つく》り方《かた》

材《ざい》料《りょう》（8人分《にんぶん》）

冷凍《れいとう》パート・フィロー（極薄《ごくうす》パイ生地《きじ》）

……2分《ぶん》の1パック

フェタチーズ（白《しろ》チーズ）

または、リコッタチーズ　……300グラム

卵《たまご》　……3個《こ》

プレーンヨーグルト　……120グラム

無塩《むえん》バター　……50グラム

塩《しお》　……少々《しょうしょう》

バター（天《てん》パン用《よう》）　……少々《しょうしょう》

❶無塩《むえん》バターは溶《と》かしておく。パート・フィローは冷蔵庫《れいぞうこ》で解《かい》凍《とう》しておく。

❷チーズを細《こま》かくくだき、卵《たまご》、ヨーグルト、無塩《むえん》バターを加《くわ》え、泡立《あわだ》て器《き》でよく混《ま》ぜる。塩《しお》を少々加《しょうしょうくわ》える。

❸パート・フィローを3枚重《まいかさ》ねてしき、❷を適量《てきりょう》のせ、ゴムべらでぬり広《ひろ》げる。

❹パイ生地《きじ》をクルクルと棒状《ぼうじょう》になるように巻《ま》く。これをチーズがなくなるまで4～5本作《ほんつく》る。

❺オーブン用《よう》の天《てん》パンにうすくバターをぬり、細長《ほそなが》く作《つく》った❹をグルグルと巻《ま》くように広《ひろ》げていく。（写真参照《しゃしんさんしょう》）

❻160度《ど》に温《あたた》めておいたオーブンで30～35分《ふん》、キツネ色《いろ》になるまで焼《や》く。

ここが ポイント

パイ生地《きじ》を中心《ちゅうしん》から外側《そとがわ》へとグルグル巻《ま》いていく。

リヒテンシュタイン クネーデル

ドイツ語圏《ごけん》をはじめ、東欧諸国《とうおうしょこく》などでつくられる「だんご状《じょう》の料理《りょうり》」を「クネーデル」といいます。つけ合《あ》わせにしたり、ソースをかけて食《た》べたりするほか、甘《あま》みを加《くわ》えてお菓子《かし》として食《た》べたりします。

サワーチェリーを一粒《つぶ》ずつ小麦粉《こむぎこ》の生地《きじ》に包《つつ》んでゆでるものや、ゆでてつぶしたジャガイモに小麦粉《こむぎこ》をまぜた種《たね》を丸《まる》めて油《あぶら》で揚《あ》げたもの、チーズを使《つか》ったものなど、いろいろな種類《しゅるい》があるんですよ。

別名《べつめい》「ノッケン」とも呼《よ》ばれますが、語源《ごげん》を聞《き》いてびっくり！「うぬぼれ女《おんな》」という意味《いみ》を持《も》つとか⁉ 素朴《そぼく》でかわいいお菓子《かし》にそんな名前《なまえ》がついているなんておどろきですね。

リヒテンシュタインの「クネーデル」は、小麦粉《こむぎこ》と卵《たまご》をこねて丸《まる》めた生地《きじ》をミルクでゆでたり、カスタードクリームをかけていただきます。

リヒテンシュタインのお菓子《かし》の特徴《とくちょう》

オーストリアとスイスにはさまれるようにリヒテンシュタイン公国《こうこく》があります。日本の小豆島《しょうどしま》くらいのとても小《ちい》さな国《くに》です。美《うつく》しい切手《きって》を発行《はっこう》することでも知《し》られ、切手《きって》コレクターのあこがれの国《くに》でもあるんですよ。深《ふか》い緑《みどり》の間《あいだ》には登山電車《とざんでんしゃ》が走《はし》っていて、夏《なつ》は避暑客《ひしょきゃく》でにぎわいます。

リヒテンシュタインを代表《だいひょう》するお菓子《かし》は「クグロフ」です。オーストリア生《う》まれのマリー・アントワネット妃《ひ》が愛《あい》したお菓子《かし》として知《し》られているクグロフは、ルイ十六世《せい》と結婚《けっこん》するときにフランスに伝《つた》えられました。町《まち》の調理器具屋《ちょうりきぐや》さんの壁《かべ》には、帽子《ぼうし》をひっくり返《かえ》した形《かたち》のクグロフ型《がた》が飾《かざ》られています。リヒテンシュタインでは、お隣《となり》の国《くに》オーストリアの影響《えいきょう》を受《う》けたお菓子《かし》がたくさんあります。スイスやオーストリアに負《ま》けないくらい美《うつく》しくておいしいお菓子《かし》がいっぱいあります。

リヒテンシュタインのお菓子《かし》

クーゲル 二層《そう》のカステラの間《あいだ》にカスタードクリームをはさみ、ママレードを上《うわ》がけし、さらにチョコレートを上《うえ》にかけたお菓子《かし》。

エルトベアトルテ イチゴをたっぷり盛《も》ったタルト。

ローゼおばあちゃんの
台所《だいどころ》は魔法《まほう》のキッチン。
いろいろな道具《どうぐ》が
並《なら》んでいて
ながめているだけで
幸《しあわ》せな気分《きぶん》になります。
おばあちゃんの手《て》は
魔法使《まほうつか》いの手《て》。
しわしわの手《て》からは
色《いろ》あざやかで
おいしいお菓子《かし》が
生《う》まれます。
今日《きょう》は
もちもちした食感《しょっかん》の
クネーデルを作《つく》ります。
生地《きじ》をクルクルまるめて
熱《あつ》いミルクの中《なか》に
ポンポンポーン……。
「おいしくなってね」と
やさしくつぶやきながら
ゆで上《あ》がりを待《ま》ちました。

クネーデルの作《つく》り方《かた》

道《どう》具《ぐ》

ボウル
ふるい
食品用《しょくひんよう》ラップ
フライパン　など

材《ざい》料《りょう》（8個分《こぶん》）

カッテージチーズ　……250 グラム
無塩《むえん》バター　……60 グラム
薄力粉《はくりきこ》　……125 グラム
卵《たまご》　……1 個《こ》
パン粉《こ》（細《こま》かい目《め》のもの）　……1 カップ
バター　……少々《しょうしょう》
アンズ（種《たね》をぬいたもの）　……8 個《こ》
塩《しお》　……少々《しょうしょう》
粉糖《ふんとう》　……適量《てきりょう》

❶カッテージチーズは裏《うら》ごしをしておく。無塩《むえん》バターは室温《しつおん》でやわらかくしておく。

❷無塩《むえん》バターとチーズをよく混《ま》ぜ、卵《たまご》、ふるいにかけた薄力粉《はくりきこ》の順《じゅん》番《ばん》に加《くわ》えてこねる。

❸ひとかたまりになったら、ラップで包《つつ》み、冷蔵庫《れいぞうこ》で30分《ぷん》ほどねかせる。

❹ねかせた生地《きじ》を8等分《とうぶん》して、アンズを包《つつ》む。

❺沸騰《ふっとう》した湯《ゆ》に塩《しお》を少々《しょうしょう》入《い》れ、❹を10分《ぷん》ほどゆでる。

❻仕《し》上《あ》げ用《よう》にパン粉《こ》をフライパンでバターを加《くわ》えて軽《かる》くいためる。

❼ゆであがった❺に❻のパン粉《こ》をまぶし、粉糖《ふんとう》をかけ仕《し》上《あ》げる。

見《み》た目《め》にはまるで油《あぶら》で揚《あ》げたお菓子《かし》のように思《おも》えますが、こがしたパン粉《こ》をまぶしただけなので、とてもさっぱりしていて、かんたんに作《つく》れます。

ここが ポイント

生地《きじ》を8等分《とうぶん》し、アンズを中《なか》に包《つつ》むように丸《まる》める。

ドイツ

シュバルツベルダー・キルシュトルテ

ドイツ南西部《なんせいぶ》、シュバルツバルト地方《ちほう》で生《う》まれたお菓子《かし》です。この地《ち》方《ほう》は、うっそうとしたモミの森《もり》が続《つづ》き、昼《ひる》でもうす暗《ぐら》いので、シュバルツバルト（黒《くろ》い森《もり》）と呼《よ》ばれています。カッコウ時計《どけい》の発祥地《はっしょうち》としても知《し》られているところです。

ドイツのお菓子《かし》の中《なか》でも特《とく》に有名《ゆうめい》で、イギリスでは「ブラックフォレストケーキ」として親《した》しまれています。「黒《くろ》い森《もり》」をチョコレートのスポンジケーキで表現《ひょうげん》し、シュバルツバルトの特産《とくさん》であるサクランボ（ドイツ語《ご》でキルシュ）をお酒《さけ》につけたものをはさみこみます。上《うえ》には生《なま》クリームをたっぷり使《つか》って、サクランボをのせます。

「トルテ」とは「ケーキ」という意味《いみ》ですが、スポンジ風《ふう》の丸《まる》いケーキは、もともとドイツ人《じん》が生《う》み出《だ》したものなんですよ。切《き》り分《わ》けやすく、公平《こうへい》にいきわたるようにとの発想《はっそう》から生《う》まれた形《かたち》です。チョコレートとサクランボと生《なま》クリームが奏《かな》でる三つのハーモニーを機会《きかい》があったら味《あじ》わってみてくださいね。

ドイツのお菓子《かし》の特徴《とくちょう》

森《もり》が多《おお》くて重《おも》い雲《くも》がたれこむ日《ひ》には、夏《なつ》でもはだ寒《ざむ》さを感《かん》じるドイツ。熱《あつ》い飲《の》み物《もの》にそえられるクッキーや、生《なま》クリームとフルーツを使《つか》ったみずみずしいお菓子《かし》は、体《からだ》を温《あたた》めるとともに心《こころ》に安《やす》らぎを与《あた》え、人々《ひとびと》の交流《こうりゅう》にぬくもりを加《くわ》えてくれます。

また、森《もり》の多《おお》い国《くに》らしく、それにちなんだお菓子《かし》もいろいろあります。年輪《ねんりん》のような焼《や》き色《いろ》が入《はい》った「バウムクーヘン」もドイツを表《あらわ》すお菓子《かし》の代表《だいひょう》ですね。派手《はで》さはありませんが、合理的《ごうりてき》で安定感《あんていかん》があり、人々《ひとびと》の生活《せいかつ》に根《ね》ざした味《あじ》わい深《ぶか》いお菓子《かし》たち。材料《ざいりょう》をあまり使《つか》わずに豊《ゆた》かなものに見《み》せる演出《えんしゅつ》がなされている点《てん》などもドイツのお菓子《かし》の特徴《とくちょう》です。

ドイツのお菓子《かし》

魔女《まじょ》の家《いえ》 家《いえ》の形《かたち》に作《つく》られたレープクーヘン。イギリスから伝《つた》わったスパイスの香《かお》りいっぱいのお菓子《かし》。

ねまきを着《き》たリンゴ リンゴを丸《まる》ごとパイ生地《きじ》に包《つつ》んで焼《や》いた菓子《かし》。

春《はる》の日《ひ》の昼下《ひるさ》がり。
風《かぜ》のささやきを聞《き》きながら
うとうとしていたときの
ことです。
森《もり》の方《ほう》から
楽《たの》しそうな音楽《おんがく》が
流《なが》れてきました。
音楽《おんがく》につれられて
まよいこんだのは
光《ひかり》がささないまっくら森《もり》。
昼《ひる》なのか
夜《よる》なのかわかりません。
まっくら森《もり》の奥《おく》で
小《ちい》さなお菓子《かし》の家《いえ》を
見《み》つけました。
ここは妖精《ようせい》のおうち？
それとも魔女《まじょ》の家《いえ》？
とつぜん
まばゆい光《ひかり》がさしこみ
お菓子《かし》の家《いえ》は
あっという間《ま》に
消《き》えてしまいました。
あれは夢《ゆめ》の中《なか》のできごと
だったのでしょうか？

シュバルツベルダー・キルシュトルテの作《つく》り方《かた》

道《どう》具《ぐ》

ボウル
ふるい
なべ
泡《あわ》立《だ》て器《き》
ゴムべら
はけ
スプーン
クッキングシート
（オーブン用《よう》）
ケーキ型《がた》（18センチ）
ナイフ
しぼり袋《ぶくろ》 など

材《ざい》料《りょう》（18センチケーキ型《がた》1台分《だいぶん》）

〈ココア入《い》りスポンジケーキ〉

卵《たまご》　……3個《こ》
グラニュー糖《とう》　……100グラム
薄力粉《はくりきこ》　……80グラム
ココア　……12グラム
無塩《むえん》バター　……50グラム
サクランボの洋酒《ようしゅ》づけ　……約《やく》40粒《つぶ》

〈シロップ〉

水《みず》　……100ミリリットル
グラニュー糖《とう》　……50グラム

〈ホイップクリーム〉

生《なま》クリーム　……350ミリリットル
砂糖《さとう》　……20グラム
（「オリゴのおかげ」の場合《ばあい》　……40グラム）

〈飾《かざ》り〉

チョコレート
（板状《いたじょう》、またはブロック状《じょう》のもの）　……適量《てきりょう》
飾《かざ》り用《よう》のサクランボ
……12粒《つぶ》

1. Ｐ８「基本《きほん》テクニック」を参照《さんしょう》し「スポンジケーキ」を作《つく》る。薄力粉《はくりきこ》をふるいにかけるとき、ココアもいっしょにふるいにかける。後《あと》は同《おな》じ手順《てじゅん》で焼《や》き上《あ》げる。
2. 水《みず》とグラニュー糖《とう》をなべに入《い》れ、火《ひ》にかけてひと煮立《にた》ちさせ、冷《ひ》やし、シロップを作《つく》る。
3. チョコレートはスプーンなどで、ひっかくように削《けず》る。
4. スポンジは横《よこ》3枚《まい》に切《き》り、シロップをはけでぬる。
5. スポンジの1枚《まい》にホイップクリームを適量《てきりょう》のせて広《ひろ》げ、サクランボを20粒《つぶ》のせ、その上《うえ》にスポンジを重《かさ》ねる。
6. ５と同《おな》じように、ホイップクリーム、サクランボ、スポンジを重《かさ》ねる。
7. 表面《ひょうめん》にシロップをはけでぬり、全体《ぜんたい》にホイップクリームをぬり広《ひろ》げる。
8. 残《のこ》りのホイップクリームをしぼり袋《ぶくろ》に入《い》れ、表面《ひょうめん》をデコレーションする。
9. きざんだチョコレート、サクランボを飾《かざ》り、仕上《しあ》げる。

ここがポイント

生地《きじ》が白《しろ》っぽくなり、泡立《あわだ》て器《き》ですくったとき写真《しゃしん》のようにリボン状《じょう》にたれたらＯＫ！

モナコ
タルト・ド・フリュイ

「タルト・ド・フリュイ」は、フランス語《ご》で「果物《くだもの》のタルト」という意味《いみ》です。「タルト」とは、パイ生《き》地《じ》やビスケット生地《きじ》を型《かた》にしいて焼《や》いた入《い》れ物《もの》のこと。「タルト・ド・フリュイ」は、タルトの生地《きじ》にカスタードクリームをつめ、その上《うえ》にイチゴやブルーベリー、オレンジなどの季節《きせつ》の果物《くだもの》をいろどりよくかざったものです。

とてもかんたんに作《つく》れますが、食《た》べたときの食感《しょっかん》や、口《くち》に広《ひろ》がる果物《くだもの》の酸味《さんみ》や甘《あま》みなどを味《あじ》わいながら、あざやかな色《いろ》や香《かお》りを同時《どうじ》に楽《たの》しめるという、とてもぜいたくなお菓子《かし》です。まるで明《あか》るい太陽《たいよう》がサンサンとふり注《そそ》ぐ、美《うつく》しいモナコを表《あらわ》しているようですね。

モナコのお菓子《かし》の特徴《とくちょう》

フランスの南東部《なんとうぶ》、地中海《ちちゅうかい》に面《めん》するモナコは、世界《せかい》で二番目《ばんめ》に小《ちい》さい国《くに》です。F1《エフワン》のカーレースやヨットレースの開催《かいさい》や避暑地《ひしょち》としても有名《ゆうめい》です。

地中海《ちちゅうかい》に面《めん》しているので、気候《きこう》は一年中温暖《いちねんじゅうおんだん》で、おいしい食材《しょくざい》がたくさん手《て》に入《はい》ります。とくに果物《くだもの》は豊《ほう》富《ふ》。フランス系《けい》の人《ひと》が多《おお》く住《す》み、フランスの影響《えいきょう》がいろいろな面《めん》に見《み》られます。お菓子《かし》も繊細《せんさい》で美《うつく》しく、フランス風《ふう》のものがたくさんあります。また、ひと口《くち》サイズのプチケーキが充実《じゅうじつ》しているのも特徴《とくちょう》の一つといえるでしょう。

キリスト教《きょう》の祝日《しゅくじつ》であるイースター（復活祭《ふっかつさい》）やクリスマスなどには、「フーガス」という大《おお》きなタルトを焼《や》き、紅白《こうはく》のアラザン（砂糖《さとう》とデンプンを混《ま》ぜた粒状《つぶじょう》のもの）を散《ち》らして飾《かざ》りつけたお菓子《かし》を食《た》べてお祝《いわ》いするそうです。モナコ国旗《こっき》の色《いろ》である赤《あか》と白《しろ》を上手《じょうず》に取《と》りこんでいるところも、おしゃれ感覚《かんかく》にすぐれているフランスの影響《えいきょう》かもしれませんね。

モナコのお菓子《かし》

ソッカ ヒヨコ豆《まめ》の粉《こな》で作《つく》った厚《あつ》めのクレープ。

クレーム・ブリュレ・ア・ラ・バニーユ 小型《こがた》の器《うつわ》にクリームを入《い》れて焼《や》いたデザート。

青《あお》い海《うみ》が見《み》えるテラスで
大《だい》好《す》きなおばさまと
ティータイムです。
タルトの上《うえ》のフルーツが
日《ひ》の光《ひかり》を浴《あ》びて
かがやいています。
お姫《ひめ》さま気分《きぶん》で
紅茶《こうちゃ》といっしょに
いただきます。
イチゴの甘《あま》ずっぱさが
パーッと口《くち》に広《ひろ》がりました。
地《ち》中海《ちゅうかい》をわたる風《かぜ》は
夏《なつ》のおとずれを
告《つ》げています。

タルト・ド・フリュイの作《つく》り方《かた》

道《どう》具《ぐ》

ボウル
ふるい
なべ
泡《あわ》立《だ》て器《き》
ゴムべら
タルト型《がた》（6個《こ》）
めん棒《ぼう》
クッキングシート（オーブン用《よう》）
まな板《いた》
食品用《しょくひんよう》ラップ
ナイフ
フォーク
重《おも》し（米《こめ》や小豆《あずき》など）
しぼり袋《ぶくろ》 など

材《ざい》料《りょう》(6個分《こぶん》)

〈タルト生地《きじ》〉

卵黄《らんおう》 ……1個分《こぶん》

薄力粉《はくりきこ》 ……150グラム

無塩《むえん》バター ……100グラム

粉糖《ふんとう》 ……50グラム

バター ……少々《しょうしょう》

〈カスタードクリーム〉

卵黄《らんおう》 ……3個分《こぶん》

グラニュー糖《とう》 ……50グラム

薄力粉《はくりきこ》 ……20グラム

牛乳《ぎゅうにゅう》 ……250ミリリットル

バニラビーンズ ……2センチ

(またはバニラエッセンス ……少々《しょうしょう》)

〈飾《かざ》り用《よう》フルーツ〉

イチゴ、ブルーベリー、オレンジ、キウイ、ラズベリーなど

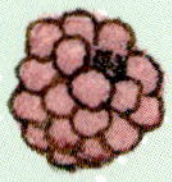

❶ 薄力粉《はくりきこ》は、ふるいでふるっておく。無塩《むえん》バターは室温《しつおん》でやわらかくしておく。

❷ 無塩《むえん》バターと粉糖《ふんとう》を合《あ》わせ、泡《あわ》立《だ》て器《き》でふんわりと白《しろ》っぽくなるまですり混《ま》ぜる。

❸ 卵黄《らんおう》を加《くわ》え、さらによく混《ま》ぜる。

❹ ふるいにかけておいた薄力粉《はくりきこ》を加《くわ》え、ゴムべらで切《き》るように混《ま》ぜる。

❺ ❹をラップなどでくるみ、冷蔵《れいぞう》庫《こ》で1時間以上《じかんいじょう》ねかせる。

❻ ❺の生地《きじ》をめん棒《ぼう》で厚《あつ》さ約《やく》3ミリにのばす。

❼ タルト型《がた》より大《おお》きめの型《かた》で生地《きじ》を6枚《まい》ぬく。

❽ タルト型《がた》にバターをぬり、生地《きじ》をしきこむ。型《かた》からはみ出《だ》した生地《きじ》はめん棒《ぼう》で落《お》とす。

❾ フォークで生地《きじ》の底《そこ》の部分《ぶぶん》に穴《あな》を開《あ》ける。

❿ タルト型《がた》よりも少《すこ》し大《おお》きめにクッキングシートを切《き》り、生地《きじ》にのせ、重《おも》しとなる米《こめ》などをしきつめ、170度《ど》に温《あたた》めたオーブンで20分《ぷん》焼《や》く。

⓫ 焼《や》き上《あ》がったら、重《おも》しをはずし、冷《さ》ましておく。

⓬ P9「基本《きほん》テクニック」を参照《さんしょう》し「カスタードクリーム」を作《つく》る。

⓭ タルトカップにカスタードクリームをしぼり入《い》れる。

⓮ 食《た》べやすい大《おお》きさに切《き》ったフルーツを、色合《いろあ》いをみながら飾《かざ》りつけていく。大《おお》きめのものから飾《かざ》るのがコツ。

ここが ポイント

大《おお》きいものから色合《いろあ》いを考《かんが》えながら飾《かざ》りつけていく。

アイルランド
フルーツクランブル

「フルーツクランブル」は、クランブル（そぼろ状《じょう》の生地《きじ》）を果物《くだもの》の上《うえ》にのせて焼《や》いた素朴《そぼく》なお菓子《かし》です。アイルランドでは、リンゴを使《つか》った「アップルクランブル」や、酸味《さんみ》の強《つよ》い野菜《やさい》のルバーブを使《つか》った「ルバーブクランブル」が定番《ていばん》。

バターをぬった耐熱皿《たいねつざら》にリンゴのうす切《ぎ》りやレーズンなどの果物《くだもの》をしきつめ、シナモン、グラニュー糖《とう》、サワークリームをたっぷりかけます。全体《ぜんたい》に「クランブル」をのせて焼《や》きあげます。

「クランブル」は、小麦粉《こむぎこ》と砂糖《さとう》、バターを入《い》れて、指先《ゆびさき》ですり合《あ》わせるように混《ま》ぜ、ポロポロのそぼろ状《じょう》にしたもので、さくさくした食感《しょっかん》はこの「クランブル」によるものです。

熱々《あつあつ》の「フルーツクランブル」に冷《つめ》たいアイスクリームをそえて食《た》べるのが最高《さいこう》！　果物《くだもの》の風味《ふうみ》と、さくさくとした食感《しょっかん》が生《う》むハーモニーは紅茶《こうちゃ》にぴったりです。

アイルランドのお菓子《かし》の特徴《とくちょう》

「妖精《ようせい》の国《くに》」と呼《よ》ばれるアイルランドは、イギリスの西《にし》にある島《しま》です。北部《ほくぶ》は、イギリス領《りょう》の北《きた》アイルランドと接《せっ》しています。昔《むかし》から、イギリスの影響《えいきょう》を強《つよ》く受《う》けていて、ロマンチックなイメージの陰《かげ》に、苦《くる》しくて悲《かな》しい歴史《れきし》もあわせ持《も》っています。

お菓子《かし》は、フルーツケーキやクッキー、プディングなどといったイギリス風《ふう》の素朴《そぼく》なお菓子《かし》が多《おお》いのが特《とく》徴《ちょう》です。アップルパイや、ルバーブやベリー類《るい》、リンゴなどのジャムがたっぷり入《はい》っているタルトは食《た》べごたえも十分《じゅうぶん》あります。

妖精《ようせい》が暮《く》らすという森《もり》や草原《そうげん》では、四十種類《しゅるい》の緑色《みどりいろ》を見《み》つけられるといわれるアイルランド。時間《じかん》がおだやかに流《なが》れるエメラルド色《いろ》の島《しま》のお菓《か》子《し》には、心《こころ》を包《つつ》みこんでくれるふしぎな温《あたた》かさを感《かん》じます。

アイルランドのお菓子《かし》

ティーブラック　紅茶《こうちゃ》にレーズンなどドライフルーツをつけこんだ種《たね》を生地《きじ》に混《ま》ぜて焼《や》いたもの。

アップルタルト　酸味《さんみ》の強《つよ》いリンゴの味《あじ》とシナモンの香《かお》りが魅力《みりょく》の焼《や》き菓子《がし》。

太陽《たいよう》が西《にし》の丘《おか》に
しずみました。
空《そら》がむらさき色《いろ》にそまると
妖精《ようせい》たちの時間《じかん》です。
耳《みみ》をすませてごらんなさい。
キイチゴやクローバーが
咲《さ》き乱《みだ》れる花《はな》かげや
小川《おがわ》のせせらぎにまぎれて
妖精《ようせい》たちのおしゃべりが
聞《き》こえてきますよ。
朝《あさ》つゆが
お日《ひ》さまにかがやくまで
妖精《ようせい》たちの
ひみつのパーティーは
続《つづ》きます。

道《どう》具《ぐ》

ボウル
ふるい
グラタン皿《ざら》
泡《あわ》立《だ》て器《き》
ゴムべら
食品用《しょくひんよう》ラップ
ナイフ　など

フルーツクランブルの作《つく》り方《かた》

材《ざい》料《りょう》（18センチグラタン皿《ざら》1台分《だいぶん》）

〈クランブル生地《きじ》〉
無塩《むえん》バター ……60グラム
グラニュー糖《とう》 ……40グラム
薄力粉《はくりきこ》 ……60グラム
アーモンドパウダー ……30グラム
バター ……少々《しょうしょう》

〈フィリング〉
リンゴ（紅玉《こうぎょく》） ……1個半《こはん》
砂糖《さとう》 …30グラム
（「オリゴのおかげ」の場合《ばあい》 ……60グラム）
ドライレーズン ……50グラム
生《なま》クリーム ……20ミリリットル
サワークリーム ……180ミリリットル

〈飾《かざ》り用《よう》〉
粉糖《ふんとう》 ……適量《てきりょう》

❶薄力粉《はくりきこ》、アーモンドパウダーは、ふるいにかけておく。無塩《むえん》バターは室温《しつおん》にもどしやわらかくしておく。

❷無塩《むえん》バターとグラニュー糖《とう》をボウルに入《い》れ、泡立《あわだ》て器《き》ですり混《ま》ぜる。

❸❷に薄力粉《はくりきこ》とアーモンドパウダーを加《くわ》え、ゴムべらで切《き》るように混《ま》ぜる。粉《こな》が混《ま》ざり切《き》る前《まえ》に、生地《きじ》を手《て》でポロポロとしたそぼろ状《じょう》にし、冷蔵庫《れいぞうこ》で冷《ひ》やす。

❹リンゴは皮《かわ》をむき、しんをとり、食《た》べやすい大《おお》きさに切《き》る。

❺レーズンはお湯《ゆ》につけ、やわらかくふやかす。

❻リンゴと水分《すいぶん》を切《き》ったレーズンをボウルに入《い》れ、砂糖《さとう》を加《くわ》えよく混《ま》ぜる。20分程度《ぶんていど》なじませる。

❼サワークリームと生《なま》クリームはなめらかになるまで、よく混《ま》ぜておく。

❽グラタン皿《ざら》にバターをうすくぬり、❻を入《い》れる。

❾❼を全体《ぜんたい》にかけ、その上《うえ》に❸のクランブルをまんべんなくふりかける。

❿180度《ど》に温《あたた》めたオーブンで30分焼《ぶんや》き、仕上《しあ》げに粉糖《ふんとう》を飾《かざ》る。

ここが ポイント

指《ゆび》をすり合《あ》わせるようにして生地《きじ》をポロポロのそぼろ状《じょう》にしていく。

チェコ
アップフェル・シュトゥルーデル

「アップフェル・シュトゥルーデル」は、リンゴを使《つか》った焼《や》き菓子《がし》で、昔《むかし》、ハプスブルク家《け》が統治《とうち》していた地域《ちいき》で今《いま》でもさかんに食《た》べられていますが、もともとはチェコのお菓子《かし》です。

小麦粉《こむぎこ》でつくった「シュトゥルーデル・タイク」と呼《よ》ばれる生地《きじ》を布《ぬの》の上《うえ》でうすくのばし、その上《うえ》にきざんだリンゴとグラニュー糖《とう》やシナモンなどを混《ま》ぜた具《ぐ》を置《お》き、クルクルと巻《ま》いていきます。最後《さいご》に、表面《ひょうめん》に溶《と》かしバターをぬって、カリッと焼《や》き上《あ》げます。

「シュトゥルーデル」とは「うず巻《ま》き」という意味《いみ》のドイツ語《ご》から生《う》まれた言葉《ことば》ですが、具《ぐ》をクルクルと巻《ま》いていくのでこの名前《なまえ》がつけられました。うすい生地《きじ》をやぶれないように巻《ま》いていくドキドキ感《かん》の後《あと》、香《こう》ばしく焼《や》き上《あ》がった「アップフェル・シュトゥルーデル」を食《た》べる喜《よろこ》びは最高《さいこう》です。

チェコのお菓子《かし》の特徴《とくちょう》

ヨーロッパの中部《ちゅうぶ》に位置《いち》するチェコは、オーストリアやドイツ、ポーランド、スロバキアに囲《かこ》まれた国《くに》です。二千以上《いじょう》の城《しろ》があり、中世《ちゅうせい》の面影《おもかげ》を残《のこ》す首都《しゅと》プラハの町並《まちな》みからも長《なが》い歴史《れきし》を感《かん》じます。町《まち》を歩《ある》いて気《き》づくのは、それぞれの家《いえ》の扉《とびら》がどっしりとしていて立派《りっぱ》なことです。

チェコでは、扉《とびら》はその家《いえ》の格《かく》を表《あらわ》すそうです。

チェコの人《ひと》たちは、ケーキやアイスクリームなど、甘《あま》いものが大好《だいす》き。そんなチェコのお菓子《かし》の特徴《とくちょう》は、ハプスブルク家《け》の中心《ちゅうしん》だったオーストリアの影響《えいきょう》を強《つよ》く受《う》けているということです。当時《とうじ》のハプスブルク家《け》は、戦《いくさ》ではなく結婚政策《けっこんせいさく》によって領土《りょうど》を広《ひろ》げ、「日《ひ》のしずまない帝国《ていこく》」といわれるほどの力《ちから》を持《も》っていました。

オーストリアの首都《しゅと》ウィーン風《ふう》の繊細《せんさい》で、高《たか》い技術《ぎじゅつ》を必要《ひつよう》とされるお菓子《かし》がたくさんあります。

チェコのお菓子《かし》

メドブニーク 何層《なんそう》にもなっているハチミツケーキ。

トルデルニーク 生地《きじ》をのばしパイプに巻《ま》きつけて回転《かいてん》させながら焼《や》いたお菓子《かし》。

今日《きょう》はお昼《ひる》から
人形劇《にんぎょうげき》のおけいこ。
なかよしの三人《にん》で
「赤《あか》ずきん」を上演《じょうえん》します。
マリオネットの動《うご》かし方《かた》が
とってもむずかしくて……。
う～ん、こまったなぁ。
「おやつの時間《じかん》だから
お休《やす》みしようよ」
ヤナとエリシュカの声《こえ》に
ハッとして時計《とけい》を見《み》ると
もう三時《じ》になっていました。

アップフェル・シュトゥルーデルの作《つく》り方《かた》

道《どう》具《ぐ》

ボウル	クッキングシート（オーブン用《よう》）
ふるい	食品用《しょくひんよう》ラップ
はけ	布《ぬの》（50 センチ× 50 センチ）1 枚《まい》
めん棒《ぼう》	菜《さい》ばし
フライパン	ナイフ　など

材《ざい》 料《りょう》（25センチ1本分《ぶん》）

〈シュトゥルーデル・タイク〉

- 薄力粉《はくりきこ》 ……50グラム
- 強力粉《きょうりきこ》 ……75グラム
- 卵黄《らんおう》 ……2分《ぶん》の1個《こ》
- サラダ油《ゆ》 ……小《こ》さじ1
- ぬるま湯《ゆ》 ……60ミリリットル
- 塩《しお》 ……少々《しょうしょう》

〈リンゴのフィリング〉

- リンゴ（紅玉《こうぎょく》） ……2個《こ》
- 砂糖《さとう》 ……40グラム
- レーズン ……30グラム
- パン粉《こ》 ……40グラム
- バター ……40グラム
- シナモン ……少々《しょうしょう》

- バター（溶《と》かしたもの） ……100グラム
- サラダ油《ゆ》 ……少々《しょうしょう》
- 強力粉《きょうりきこ》 ……適量《てきりょう》
- 粉糖《ふんとう》 ……適量《てきりょう》

❶ボウルにふるいにかけた薄力粉《はくりきこ》と強力粉《きょうりきこ》を入《い》れ、中央《ちゅうおう》にくぼみを作《つく》り、卵黄《らんおう》、サラダ油《ゆ》、ぬるま湯《ゆ》、塩《しお》を順番《じゅんばん》に加《くわ》える。

❷❶を菜《さい》ばしなどを使《つか》い、生地《きじ》に水分《すいぶん》をいきわたらせたら、手《て》でよくこねる。ひとまとまりになったら、ボール状《じょう》に丸《まる》める。

❸とじ目《め》を下《した》にして、生地《きじ》の表面《ひょうめん》全体《ぜんたい》にうすくサラダ油《ゆ》をぬり、ラップをかけて室温《しつおん》で30分《ぷん》ほどねかせる。

❹フライパンにバターを溶《と》かし、パン粉《こ》をきつね色《いろ》になるまでいためる。

❺レーズンは、お湯《ゆ》でもどし、水分《すいぶん》を切《き》る。

❻リンゴは皮《かわ》をむき、しんをとり、食《た》べやすい大《おお》きさに切《き》り、レーズン、シナモン、砂糖《さとう》と混《ま》ぜる。

❼布《ぬの》を広《ひろ》げ、打《う》ち粉《こ》として強力粉《きょうりきこ》をふり、❸の生地《きじ》を布《ぬの》にのせ、少《すこ》しずつひっぱりながらめん棒《ぼう》でうすくのばす。

❽生地《きじ》の手前《てまえ》3分《ぶん》の1のところに、❹をパラパラとふりかけ、その上《うえ》に、❻のリンゴのフィリングをのせる。

❾リンゴがのっていない部分《ぶぶん》には、溶《と》かしバターをはけでぬり、手前《てまえ》から奥《おく》へと布《ぬの》を持《も》ち上《あ》げ巻《ま》いていく。生地《きじ》の両端《りょうたん》をねじって止《と》める。

❿オーブンの天《てん》パンにクッキングシートをしき、生地《きじ》をのせる。生地《きじ》の表面《ひょうめん》に溶《と》かしバターをまんべんなくぬり、190度《ど》に温《あたた》めたオーブンで約《やく》30～35分《ふん》焼《や》く。

⓫食《た》べるときに粉糖《ふんとう》をふる。

ここが ポイント

手前《てまえ》から奥《おく》へと布《ぬの》を持《も》ち上《あ》げ、巻《ま》いていく。

ポルトガル

パン・デ・ロー

ポルトガルに伝《つた》わる、卵《たまご》をたくさん使《つか》った焼《や》き菓子《がし》です。「カステラ」のルーツ（起源《きげん》）といわれ、十六世《せい》紀《き》にポルトガル人《じん》によって日本の長《なが》崎《さき》に伝《つた》えられました。

日本のカステラとちがうのは焼《や》き方《かた》。しっかり焼《や》いて、カステラよりもパサパサした食感《しょっかん》のものや、半熟《はんじゅく》状《じょう》のものなど、地域《ちいき》によっていろいろなタイプがあるんですよ。

小麦粉《こむぎこ》をほとんど使《つか》っていないので、焼《や》き上《あ》がると真《ま》ん中《なか》が卵《たまご》と砂糖《さとう》の重《おも》みでしずみこむのが特徴《とくちょう》です。卵《たまご》と小麦粉《こむぎこ》と砂糖《さとう》だけで作《つく》る見《み》た目《め》にも素朴《そぼく》なケーキですが、一口《くち》食《た》べると甘《あま》さが広《ひろ》がり、幸《しあわ》せになるおいしさです。キリスト教《きょう》の祝日《しゅくじつ》であるイースター（復活祭《ふっかつさい》）やクリスマスにはよく食《た》べられます。

ポルトガルのお菓子《かし》の特徴《とくちょう》

ポルトガルの国名《こくめい》は、国《くに》の歴史《れきし》が始《はじ》まった町《まち》として知《し》られる「ポルト」の古《ふる》い名《な》「ポルトゥス・カレ」に由《ゆ》来《らい》しています。ポルトガルの人《ひと》たちは「危険《きけん》があっても海《うみ》を渡《わた》りたい」という気《き》持《も》ちを常《つね》に持《も》っていました。インドやブラジル、そして日本に最《さい》初《しょ》にやってきたヨーロッパ人《じん》はポルトガル人《じん》でした。

ポルトガルの伝統菓子《でんとうがし》のイメージは「黄色《きいろ》」。卵《たまご》を使《つか》っているものが多《おお》いからでしょうか。卵《たまご》と砂糖《さとう》をベースにしたクリームを使《つか》っているお菓子《かし》が多《おお》いのも特徴《とくちょう》です。

ポルトガルの象徴的《しょうちょうてき》な動物《どうぶつ》といえば「ニワトリ」です。みやげ物店《ものてん》で見《み》かける「バルセロスの雄鶏《おんどり》（ガロ）」の置物《おきもの》は、幸《しあわ》せを運《はこ》ぶといういい伝《つた》えがあります。卵《たまご》やニワトリはポルトガル人《じん》には切《き》り離《はな》せないものなのかもしれませんね。

日本に伝《つた》えられたお菓子《かし》には「コンペイトー」「ボーロ」などもあります。

ポルトガルのお菓子《かし》

パポシュ・デ・アンジョ 「天使《てんし》のどぼとけ」という名前《なまえ》を持《も》つ卵黄《らんおう》生地《きじ》のシロップづけ。

パスティス・デ・ナタ パイ生地《きじ》の中《なか》にカスタードクリームをつめて焼《や》いたお菓子《かし》。「エッグタルト」のルーツ。

もうすぐイースター。
パン・デ・ロー作《づく》りに
わたしも挑戦《ちょうせん》します。
材料《ざいりょう》の卵《たまご》と小麦粉《こむぎこ》と
お砂糖《さとう》を買《か》いに
市場《いちば》まで出《で》かけます。
買《か》い物《もの》の途中《とちゅう》
丘《おか》の上《うえ》から見《み》える
ナザレの海《うみ》は
春《はる》の光《ひかり》を浴《あ》びて
かがやいていました。
遠《とお》い昔《むかし》、海《うみ》の向《む》こうの
東《ひがし》の国《くに》へ運《はこ》ばれた
パン・デ・ロー……。
海《うみ》をながめながら
見知《みし》らぬ国《くに》を
想像《そうぞう》していたら
潮《しお》の香《かお》りに乗《の》って
出航《しゅっこう》を知《し》らせるドラの音《ね》と
船乗《ふなの》りたちのざわめきが
聞《き》こえたような
気《き》がしました。

デンマーク

デニッシュペストリー

「デニッシュペストリー」は、「デニッシュ」と呼《よ》ばれているパイ状《じょう》の菓子《かし》パンです。「デンマークのパン」という意味《いみ》ですが、もともとはオーストリアの首都《しゅと》ウィーン生《う》まれ。それがデンマークで発展《はってん》したためにその名前《なまえ》がついたといわれます。ちなみにデンマークでは「ビエナブロート（ウィーンのパン）」と呼《よ》んでいるそうですよ。

バターと砂糖《さとう》を多《おお》く配合《はいごう》した生地《きじ》をイースト菌《きん》で発酵《はっこう》させ、パイのように生地《きじ》を層状《そうじょう》にして焼《や》きます。カスタードクリームや甘《あま》く煮《に》た果物《くだもの》などをつめることが多《おお》く、チョコレートや砂糖《さとう》などをトッピングしたり、ジャムなどをつめたりしたものもあります。

丸《まる》いものや、クルクル巻《ま》いたものなど形《かたち》もさまざまで、クリスマスやお誕生日《たんじょうび》には「クリンゲル」と呼《よ》ばれる大《おお》きなデニッシュペストリーをつくり、切《き》り分《わ》けて食《た》べるそうです。目《め》でも楽《たの》しめるお菓子《かし》です。

デンマークのお菓子《かし》の特徴《とくちょう》

童話作家《どうわさっか》アンデルセン（「おやゆび姫《ひめ》」や「人魚姫《にんぎょひめ》」などの話《はなし》を書《か》いた人《ひと》）の生《う》まれた国《くに》として有名《ゆうめい》なデンマークは、ヨーロッパの北部《ほくぶ》にある王国《おうこく》です。八～十一世紀《せいき》には、「バイキング」として海《うみ》を越《こ》えてヨーロッパ各地《かくち》に進出《しんしゅつ》し、北欧地域《ほくおうちいき》を中心《ちゅうしん》に支配《しはい》していました。

現在《げんざい》は、漁業《ぎょぎょう》と酪農《らくのう》が盛《さか》んな国《くに》で、良質《りょうしつ》な牧草《ぼくそう》を食《た》べた牛《うし》からは、栄養価《えいようか》の高《たか》いおいしい牛乳《ぎゅうにゅう》がとれるので、バターやチーズなどのすぐれた乳製品《にゅうせいひん》が生《う》まれます。バターやチーズはお菓子《かし》にもふんだんに使《つか》われています。

また、クッキーなどの素朴《そぼく》な焼《や》き菓子《がし》や、大《おお》きめなサイズのものが多《おお》いというのも特徴《とくちょう》といえます。

きれいな飾《かざ》りはありませんが、見《み》せかけではない誠実《せいじつ》なお菓子《かし》たち。まるで実直《じっちょく》で誠実《せいじつ》なデンマークの人《ひと》たちのようです。

デンマークのお菓子《かし》

サンバ マシュマロクリームをチョコレートでコーティングしたお菓子《かし》。

初夏《しょか》の昼下《ひるさ》がり。
エメラルド色《いろ》の風《かぜ》が
だれもいない草原《そうげん》の上《うえ》を
静《しず》かに
吹《ふ》きわたっていきます。
おや？　いつのまにか
妖精《ようせい》たちが姿《すがた》を現《あらわ》しました。
チリンチリンチリン……
ツリガネソウの
鐘《かね》の音《ね》を合図《あいず》に
花《はな》の精《せい》の結婚式《けっこんしき》が
始《はじ》まりました。
流《なが》れてくる甘《あま》い香《かお》りは
焼《や》き立《た》ての
デニッシュペストリー。
王子《おうじ》さまと
お姫《ひめ》さまの旅立《たびだ》ちを
みんなで祝福《しゅくふく》していきます。

アンドラ
ブラマンジェ

フランス語《ご》で「白《しろ》い食《た》べ物《もの》」という意味《いみ》の「ブラマンジェ」は、フランス南部《なんぶ》のラングドック地方《ちほう》で生《う》まれたお菓子《かし》といわれ、隣接《りんせつ》するアンドラでもよく食《た》べられています。「ブラマンジェ」は、「アーモンドのとうふ」とも呼《よ》ばれ、昔《むかし》、アラビア人《じん》がアーモンドと砂糖《さとう》で作《つく》ったものが起源《きげん》だそうです。

水《みず》につけこんでやわらかくなったアーモンドをバラの花《はな》びらといっしょに石《いし》うすでひき、牛乳《ぎゅうにゅう》と砂糖《さとう》、ゼラチンを加《くわ》え、最後《さいご》に生《なま》クリームを入《い》れて冷《ひ》やし固《かた》めたものです。フルーツや生《なま》クリームをそえていただきます。

ほのかなアーモンドの香《かお》りを楽《たの》しみながら口《くち》に運《はこ》ぶと、水《みず》のようにすっと溶《と》けていきます。心《こころ》の中《なか》まで真《ま》っ白《しろ》になるような美《うつく》しいお菓子《かし》です。

アンドラのお菓子《かし》の特徴《とくちょう》

アンドラは、フランスとスペインにはさまれた、ピレネー山脈《さんみゃく》の東部《とうぶ》にある小《ちい》さな公国《こうこく》です。フランス大《だい》統領《とうりょう》とスペインのウルヘル司教《しきょう》が国《こっ》家元首《げんしゅ》を務《つと》めています。そのような事情《じじょう》から公用語《こうようご》のカタルーニャ語《ご》のほかに、フランス語《ご》やスペイン語《ご》も話《はな》されています。

山岳地帯《さんがくちたい》にあるため森林資源《しんりんしげん》に恵《めぐ》まれていて、保養地《ほようち》としても有名《ゆうめい》です。オリーブやブドウ、トウモロコシなどの作物《さくもつ》に恵《めぐ》まれ、高地《こうち》ではピレネー山脈《さんみゃく》から流《なが》れ出《で》る水《みず》のおかげでよい牧草《ぼくそう》が育《そだ》ち、おいしい牛乳《ぎゅうにゅう》がとれます。

料理《りょうり》では主《おも》にスペイン側《がわ》のカタルーニャ地方《ちほう》の料理《りょうり》が食《た》べられていますが、お菓子《かし》ではスペイン風《ふう》の素《そ》朴《ぼく》な焼《や》き菓子《がし》や、フランスの影響《えいきょう》を受《う》けた繊細《せんさい》で美《うつく》しいものが多《おお》く見《み》られます。

アンドラのお菓子《かし》

ポテトパイ ジャガイモやトウモロコシがたくさんとれるアンドラでは、ジャガイモをたくさん食《た》べます。ゆでたジャガイモをマッシュポテトにし、バター、砂糖《さとう》、生《なま》クリームなどを混《ま》ぜてパイ生地《きじ》の入《い》れ物《もの》につめて焼《や》いたパイ。

山《やま》の朝《あさ》は早《はや》く
朝《あさ》日《ひ》で丘《おか》の向《む》こうの空《そら》が
赤《あか》くかがやくころには
ミルクしぼりの
仕事《しごと》が始《はじ》まります。
お昼《ひる》すぎに
ロサおばさんが
たずねてくるので
新鮮《しんせん》なミルクを使《つか》って
ブラマンジェを作《つく》ります。
村《むら》を流《なが》れる空気《くうき》とお水《みず》は
つぎつぎに魔法《まほう》をかけて
おいしい材料《ざいりょう》を
生《う》み出《だ》してくれます。
おかげでわたしは
お菓子《かし》作《づく》りが
大《だい》好《す》きになりました。
山《やま》のめぐみに感謝《かんしゃ》です。

ギリシャ
バクラバ

トルコなどでもおなじみの焼《や》き菓《が》子《し》「バクラバ」は、ギリシャでもよく食《た》べられているとても甘《あま》いお菓子《かし》です。

古代《こだい》ギリシャでは、お菓子《かし》は神《かみ》さまにささげるものでした。技術《ぎじゅつ》がなかった時代《じだい》ですから、素朴《そぼく》で、ほとんどが油《あぶら》で揚《あ》げたお菓子《かし》でした。その後《ご》、人々《ひとびと》も口《くち》にするようになりますが、ハチミツやシロップを生地《きじ》に混《ま》ぜたり、できあがりにかけたりして、とても甘《あま》いお菓子《かし》を好《この》んで食《た》べていたようです。

甘味《かんみ》には、脳《のう》の疲《つか》れを取《と》り去《さ》る即効性《そっこうせい》がありますから、数学《すうがく》や哲学《てつがく》が盛《さか》んだった古代《こだい》ギリシャの人々《ひとびと》は、すでにこのことに気《き》づいていたのかもしれませんね。

「バクラバ」は、うすいパイ生地《きじ》「フィロ」に、きざんだクルミやピスタチオ、アーモンドなどのナッツ類《るい》をはさみ、層状《そうじょう》に積《つ》み重《かさ》ねオーブンで焼《や》いたもので、ハチミツやシロップをかけてできあがりです。

ギリシャのお菓子《かし》の特徴《とくちょう》

ギリシャでは、ナッツ類《るい》やバター、油《あぶら》を使《つか》ったお菓子《かし》が多《おお》く、とても甘《あま》いのが特徴《とくちょう》です。ドライフルーツやナッツ類《るい》を使《つか》ったものが多《おお》いせいか、ほかのヨーロッパのお菓子《かし》とは少《すこ》し異質《いしつ》な感《かん》じがします。トルコの影響《えいきょう》を強《つよ》く受《う》けているので、スパイスを使《つか》ったものも多《おお》く、食感《しょっかん》はねっとりとしたものが多《おお》いように感《かん》じます。

もともとギリシャの食文化《しょくぶんか》には、食後《しょくご》のデザートという考《かんが》え方《かた》はなかったようで、このようなお菓子《かし》はおやつとして食《た》べていました。

今《いま》では、フランスやイタリアなどの西《にし》ヨーロッパ諸国《しょこく》の影響《えいきょう》で、食後《しょくご》のデザートとしてお菓子《かし》を楽《たの》しむ人《ひと》も多《おお》くなりましたが、食後《しょくご》に食《た》べるものは、どちらかといえばアイスクリームや果物《くだもの》などの方《ほう》が多《おお》いかもしれません。

ギリシャのお菓子《かし》

ラバニ スポンジケーキにシロップをかけたお菓子《かし》。夏《なつ》は冷《ひ》やしてアイスクリームをそえて食《た》べる。

カタイフィ 細長《ほそなが》い糸状《いとじょう》の生地《きじ》で包《つつ》んで焼《や》いたお菓子《かし》。

アンジー
海《うみ》のそばの白《しろ》いテラスで
あなたからの手紙《てがみ》を
読《よ》んでいます。
ここから見《み》える
ギリシャの海《うみ》は
あなたがいたころと
同《おな》じように
青《あお》くかがやいています。
夏《なつ》がくれば浜《はま》は
今年《ことし》もたくさんの人《ひと》で
にぎやかになるでしょう。
ちょっぴり大人《おとな》になった
あなたに会《あ》える日《ひ》を
心《こころ》から楽《たの》しみにしています。

第《だい》三章《しょう》

ユニークな
名前《なまえ》や形《かたち》の
お菓子《かし》

イギリス トライフル

「つまらないもの」という意味《いみ》の名前《なまえ》を持《も》つ「トライフル」は、名前《なまえ》に反《はん》して見《み》た目《め》にもはなやかで美《うつく》しい、イギリス人《じん》ご自慢《じまん》のデザートです。ユーモアのセンスがあるイギリス人《じん》らしいネーミングには思《おも》わずクスッとしてしまいますね。

ガラスの容器《ようき》にシェリー酒《しゅ》やブランデーなどのお酒《さけ》にひたしたスポンジをしき、その上《うえ》にカスタードクリームや季節《きせつ》のフルーツを四～五層《そう》重《かさ》ねていきます。一番上《いちばんうえ》には生《なま》クリームとフルーツを使《つか》って色《いろ》あざやかに飾《かざ》りつけます。もともと残《のこ》ったスポンジケーキやフルーツなど、あり合《あ》わせの材料《ざいりょう》を使《つか》って作《つく》るお菓子《かし》なので決《き》まった作《つく》り方《かた》はありません。子《こ》ども用《よう》には、お酒《さけ》の代《か》わりにシロップを応用《おうよう》してもいいですね。

新鮮《しんせん》なフルーツにカスタードクリームや生《なま》クリームいっぱいのトライフルは、シェークスピア（イギリス生《う》まれの劇作家《げきさっか》）を生《う》んだイギリスらしいウイット（気《き》のきいた会話《かいわ》や文章《ぶんしょう》などを生《う》み出《だ》す才能《さいのう》と知恵《ちえ》）に富《と》んだ、誇《ほこ》り高《たか》きお菓子《かし》なのです。

イギリスのお菓子《かし》の特徴《とくちょう》

「イギリスが繁栄《はんえい》しているときには、必《かなら》ずお菓子《かし》が生《う》まれる」といってもいいすぎではないでしょう。中《なか》でも産業革命《さんぎょうかくめい》をむかえた十九世紀《せいき》、ビクトリア女王《じょおう》が治《おさ》めていた時代《じだい》は、イギリスの絶頂期《ぜっちょうき》でした。植民地《しょくみんち》だったインドをはじめ各地《かくち》から良質《りょうしつ》な紅茶《こうちゃ》が送《おく》られてきたので、宮廷《きゅうてい》ではお茶会《ちゃかい》が盛《さか》んに開《ひら》かれるようになり、一般家庭《いっぱんかてい》にもティータイムの習《しゅう》慣《かん》が広《ひろ》がりました。ティータイムの広《ひろ》がりは、お菓子《かし》の広《ひろ》がりも意味《いみ》し、お菓子作《かしづく》りのセンスがみがかれていきました。おかげでユーモアのある名前《なまえ》や形《かたち》のお菓子《かし》が次々《つぎつぎ》に登場《とうじょう》。ビスケットやパウンドケーキなどは、イギリスから広《ひろ》がったお菓子《かし》です。

イギリスのお菓子《かし》

スコーン アフタヌーンティーに欠《か》かせないスコットランド生《う》まれの焼《や》き菓子《がし》。クロテッドクリームと赤《あか》いジャムをそえていただきます。

ショートブレッド スコットランドに伝《つた》わる祝《いわ》い菓子《がし》。厚《あつ》みのあるサクッとした食感《しょっかん》のクッキー。

野《の》ウサギの
帽子屋《ぼうしや》さんから
お茶会《ちゃかい》の招待状《しょうたいじょう》が
とどきました。
およばれしたのは
白《しろ》ウサギに
ヤマネ
そして、わたし……。
あら？
一つ席《せき》が空《あ》いています。
いったいだれが
すわるのでしょう？
おいしそうな
トライフルと
お茶《ちゃ》をいただきながら
待《ま》ちましょう。
おくれているのは
きっとあの子《こ》。
名前《なまえ》は、アリス。

トライフルの作《つく》り方《かた》

道《どう》具《ぐ》

- ボウル
- ふるい
- なべ
- 泡《あわ》立《だ》て器《き》
- ゴムべら
- 木《き》べら
- はけ
- クッキングシート（オーブン用《よう》）
- ケーキ型《がた》（18センチ）
- バット
- めん棒《ぼう》
- まな板《いた》
- 食品用《しょくひんよう》ラップ
- ナイフ
- しぼり袋《ぶくろ》
- 口金《くちがね》（星型《ほしがた》）
- 大《おお》きめのガラスの器《うつわ》　など

材《ざい》料《りょう》（4人分《にんぶん》）

〈スポンジケーキ〉

卵《たまご》 ……3個《こ》

グラニュー糖《とう》 ……100グラム

薄力粉《はくりきこ》 ……100グラム

無塩《むえん》バター ……50グラム

〈カスタードクリーム〉

卵黄《らんおう》 ……2個分《こぶん》

グラニュー糖《とう》 ……40グラム

薄力粉《はくりきこ》 ……15グラム

牛乳《ぎゅうにゅう》 ……200ミリリットル

バニラビーンズ

（またはバニラエッセンス） ……少々《しょうしょう》

〈ホイップクリーム〉

生《なま》クリーム ……200ミリリットル

砂糖《さとう》 ……10グラム

（「オリゴのおかげ」の場合《ばあい》 ……20グラム）

〈ラズベリーソース〉

水《みず》 ……100ミリリットル

冷凍《れいとう》ラズベリー（ホールタイプ）

……300グラム

砂糖《さとう》 ……65グラム

（「オリゴのおかげ」の場合《ばあい》 ……80グラム）

キルシュワッサー（洋酒《ようしゅ》）

……小《こ》さじ2分《ぶん》の1

〈サンド用《よう》と飾《かざ》り用《よう》のフルーツ〉

イチゴ、ラズベリー、ブルーベリー、オレンジ、モモ、キウイなど 適量《てきりょう》

❶P8～9「基本《きほん》テクニック」を参照《さんしょう》し「スポンジケーキ」「ホイップクリーム」「カスタードクリーム」を作《つく》る。

❷冷凍《れいとう》ラズベリーは、凍《こお》ったままなべに入《い》れ、水《みず》、砂糖《さとう》（または「オリゴのおかげ」）を加《くわ》え、中《ちゅう》火《び》にかける。

❸ラズベリーが溶《と》け、全体《ぜんたい》がグツグツしてきたら、ラズベリーを軽《かる》く木《き》べらなどでつぶす。

❹1分《ぷん》ほど煮《に》たら火《ひ》を止《と》め、ボウルにあけて冷《さ》ます。

❺完全《かんぜん》に冷《さ》めたら、好《この》みでキルシュワッサーを加《くわ》える（無《な》くてもよい）

❻フルーツを食《た》べやすい大《おお》きさに切《き》る。

❼器《うつわ》にスポンジをしき、ラズベリーソースを大《おお》さじ2入《い》れる。

❽❼の器《うつわ》にカスタードクリームを流《なが》し入《い》れる。

❾サンド用《よう》のフルーツを重《かさ》ねる。

❿ホイップクリームを❾の上《うえ》にしぼり出《だ》す。

⓫飾《かざ》り用《よう》のフルーツをいろどりよくのせて仕上《しあ》げる。

ここがポイント

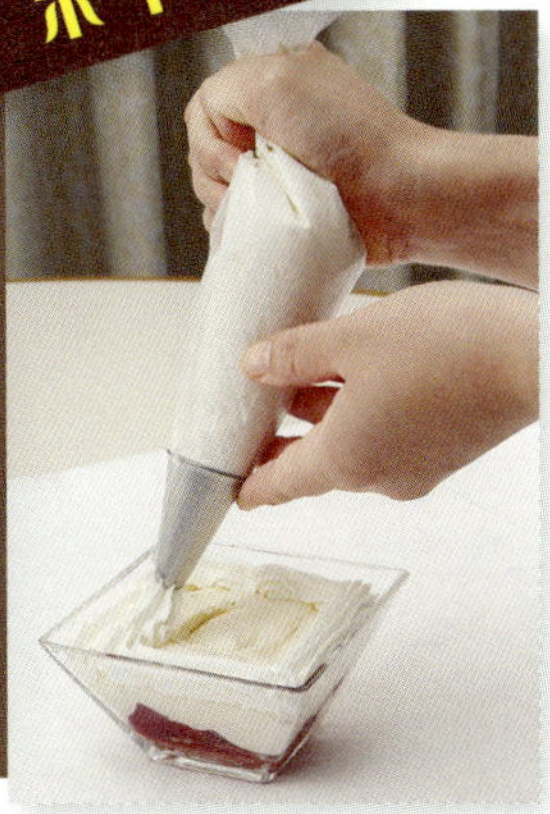

手《て》の熱《ねつ》でクリームがボソボソにならないように軽《かる》く力《ちから》を入《い》れて手早《てばや》くしぼる。

スペイン

ポルボロン

「幸《しあわ》せを呼《よ》ぶお菓子《かし》」と呼《よ》ばれ、古《ふる》くから親《した》しまれている「ポルボロン」（ポルボローネ）は、スペイン南部《なんぶ》に位置《いち》するアンダルシア地方《ちほう》の伝統菓子《でんとうがし》です。キリスト教《きょう》の修道院《しゅうどういん》のシスターが作《つく》ったのが始《はじ》まりとか……。

　作《つく》り方《かた》はかんたん。小麦粉《こむぎこ》とアーモンドの粉末《ふんまつ》を空焼《からや》きし、バターを混《ま》ぜ合《あ》わせた生地《きじ》をひと口大《くちだい》にしてオーブンで焼《や》き、粉糖《ふんとう》をかけます。形《かたち》は丸《まる》いものばかりではなく、サイコロの形《かたち》などさまざまあるんですよ。白《しろ》くて香《こう》ばしい味《あじ》と香《かお》りは、アンダルシア地方《ちほう》の明《あか》るい太陽《たいよう》と白《しろ》い壁《かべ》を連想《れんそう》させてくれます。口《くち》に入《い》れるとほろほろとくずれるので、とけないうちに「ポルボロン」と三回《かい》となえることができたら幸《しあわ》せになれるというステキな言《い》い伝《つた》えが残《のこ》っています。スペイン語《ご》で「ポルポ」は「粉《こな》」という意味《いみ》です。口《くち》の中《なか》に入《い》れると魔《ま》法《ほう》のようにあっという間《ま》にとけてしまう不思議《ふしぎ》なお菓子《かし》です。

スペインのお菓子《かし》の特徴《とくちょう》

　スペインは、十五世紀後半《せいきこうはん》〜十六世紀《せいき》に黄金時代《おうごんじだい》をむかえます。イサベル女王《じょおう》の援助《えんじょ》でコロンブスが新大《しんたい》陸《りく》を発見《はっけん》し、時代《じだい》は大航海時代《だいこうかいじだい》に入《はい》ります。どの国《くに》も植民地《しょくみんち》を得《え》るために競《きそ》って船出《ふなで》しました。その後《ご》、メキシコを征服《せいふく》したコルテスによって、チョコレートの原料《げんりょう》のカカオ豆《まめ》がスペインへ持《も》ち帰《かえ》られます。おかげでスペインのチョコレートは、高価《こうか》な材料《ざいりょう》として世界《せかい》に知《し》られるようになり、チョコレート作《づく》りの技術《ぎじゅつ》が発達《はったつ》しました。お姫《ひめ》さまの結婚《けっこん》によってフランスの王宮《おうきゅう》でさらに発展《はってん》します。高《たか》い技術《ぎじゅつ》が必要《ひつよう》なチョコレートボンボンは現在《げんざい》も大人気《だいにんき》です。

　一方《いっぽう》で、ポルボロンのような素朴《そぼく》でかんたんなお菓子《かし》も生《う》まれました。とても甘《あま》くて、素朴《そぼく》なお菓子《かし》が多《おお》いというのが特徴《とくちょう》といえます。

スペインのお菓子《かし》

チュロス 馬《うま》のひづめの形《かたち》や棒状《ぼうじょう》の、油《あぶら》で揚《あ》げたお菓子《かし》。

トゥロン 長方形《ちょうほうけい》の板状《いたじょう》に作《つく》られたやわらかいキャンディー（ヌガー）の一種《いっしゅ》で、アーモンドをハチミツと卵白《らんぱく》で固《かた》めたお菓子《かし》。

ポルボロンは魔法《まほう》の言葉《ことば》。
小《ちい》さなかけらを口《くち》に入《い》れて
すーっと消《き》えてしまう前《まえ》に
ポルボロンと
三回《かい》となえられたら
幸《しあわ》せがやってくるのよと
ママが教《おし》えてくれました。

ポルボロン
ポルボロン
ポルボロン

どうかお願《ねが》い！
わたしのお願《ねが》いを
かなえてください。
わたしに幸《しあわ》せを
運《はこ》んできてください。

ポルボロンの作《つく》り方《かた》

道《どう》具《ぐ》

ボウル
ふるい
泡《あわ》立《だ》て器《き》
ゴムべら
木《き》べら
クッキングシート
（オーブン用《よう》）
食品用《しょくひんよう》ラップ　など

材《ざい》 料《りょう》（25 個分《こぶん》）

- 無塩《むえん》バター ……65 グラム
- ショートニング ……65 グラム
- 粉糖《ふんとう》 ……50 グラム
- 薄力粉《はくりきこ》 ……130 グラム
- アーモンドパウダー ……65 グラム
- シナモンパウダー ……少々《しょうしょう》
- 塩《しお》 ……ふたつまみ
- 強力粉《きょうりきこ》（打《う》ち粉《こ》に使用《しよう》） ……適量《てきりょう》
- 粉糖《ふんとう》（仕《し》上《あ》げ用《よう》） ……適量《てきりょう》

❶無塩《むえん》バターは室温《しつおん》でやわらかくしておく。

❷薄力粉《はくりきこ》をふるいにかけ、クッキングシートをしいた天《てん》パンにのせ、120度《ど》に温《あたた》めたオーブンで50分《ぷん》焼《や》く。途中《とちゅう》、木《き》べらで混《ま》ぜ、全体《ぜんたい》に焼《や》きムラができないようにする。

❸全体《ぜんたい》がうっすら茶色《ちゃいろ》になったら、アーモンドパウダーを加《くわ》え、さらに10分《ぷん》焼《や》く。焼《や》き上《あ》がったら、そのまま完全《かんぜん》に冷《さ》ます。

❹ボウルに無塩《むえん》バターとショートニングを入《い》れ、泡立《あわだ》て器《き》で混《ま》ぜる。

❺❹に粉糖《ふんとう》と塩《しお》を加《くわ》え、よく混《ま》ぜる。

❻冷《さ》ました❸の粉《こな》を❺の中《なか》に2回《かい》に分《わ》けて入《い》れ、全体《ぜんたい》をゴムべらでさっくりと合《あ》わせる。シナモンも加《くわ》えて混《ま》ぜる。

❼生地《きじ》がひとまとまりになったら、ラップで包《つつ》み、平《ひら》たく形《かたち》を整《ととの》え、冷蔵庫《れいぞうこ》で冷《ひ》やし固《かた》める。

❽ナイフで25等分《とうぶん》に切《き》り分《わ》け、手《て》に打《う》ち粉《こ》の強力粉《きょうりきこ》を軽《かる》くつけながら丸《まる》める。

❾オーブンの天《てん》パンにクッキングシートをしき、❽を並《なら》べ、160度《ど》に温《あたた》めたオーブンで15分《ふん》焼《や》く。

❿焼《や》き上《あ》がりはくずれやすいので、しばらくそのまま冷《さ》まし、最後《さいご》に粉糖《ふんとう》をふる。

ここが ポイント

全体《ぜんたい》を木《き》べらでよく混《ま》ぜ、ムラがないようにする。

スイス

こねずみ揚《あ》げ

「こねずみ揚《あ》げ」は、ネズミの形《かたち》をした揚《あ》げパンで、子《こ》どもから大人《おとな》まで大好《だいす》きです。かわいらしい姿《すがた》からは想像《そうぞう》できませんが、実《じつ》は昔《むかし》、供《そな》え物《もの》として神《かみ》さまにささげられたものだったんです。本物《ほんもの》の動物《どうぶつ》の代《か》わりに動物《どうぶつ》の姿《すがた》に似《に》せたパンを供《そな》えるようになったからです。

ネズミという動物《どうぶつ》は、中世《ちゅうせい》ヨーロッパでは、悪魔《あくま》や魔女《まじょ》の使《つか》いとされ、不吉《ふきつ》な動物《どうぶつ》でした。しかし、今《いま》では子《こ》だくさんな特性《とくせい》から、子孫繁栄《しそんはんえい》の象徴《しょうちょう》、働《はたら》き者《もの》で財産《ざいさん》を集《あつ》めてきてくれる動物《どうぶつ》と考《かんが》えるようになりました。

生地《きじ》を油《あぶら》で揚《あ》げ、アーモンドで耳《みみ》を、レーズンで目《め》をつけ、尾《お》に麻《あさ》ひもをさしこんでできあがり。テーブルの上《うえ》に何匹《なんびき》か並《なら》べるととてもにぎやかに！ 明《あか》るくてユーモアがあふれるお菓子《かし》です。

スイスのお菓子《かし》の特徴《とくちょう》

スイスは、雄大《ゆうだい》なアルプスの山々《やまやま》が連《つら》なる国《くに》です。ドイツ語《ご》、フランス語《ご》、イタリア語《ご》、ロマンシュ語《ご》を公用語《こうようご》としているので、いろいろな文化《ぶんか》が混在《こんざい》しています。お菓子《かし》といえば、チョコレートボンボンが有名《ゆうめい》で、「リンツ」などのチョコレート会社《がいしゃ》の工場《こうじょう》が置《お》かれています。

スイスのチョコレートがおいしいのは、品質《ひんしつ》の高《たか》い牛乳《ぎゅうにゅう》がとれ、チョコレートを製造《せいぞう》する機械《きかい》が発達《はったつ》しているからです。一八七六年にスイス人《じん》のダニエル・ペーターによって、世界《せかい》ではじめて「ミルクチョコレート」が作《つく》られました。同《おな》じころ、スイス人《じん》のロドルフ・リンツが、なめらかな食感《しょっかん》のチョコレートを作《つく》りだしました。それまでは舌《した》ざわりがザラザラしていましたが、きめ細《こま》かく練《ね》り上《あ》げる機械《きかい》の開発《かいはつ》によって、なめらかなチョコレートが生《う》まれました。スイスは、チョコレートを使《つか》ったお菓子《かし》が多《おお》いのが特徴《とくちょう》です。

スイスのお菓子《かし》

ひっかき傷《きず》 形《かたち》がひっかき傷《きず》そっくりな白《しろ》いクッキー。

はりねずみ 丸《まる》いおだんごに針《はり》のようにきざみアーモンドを刺《さ》し、チョコでコーティングされたお菓子《かし》。

アルプスの村《むら》にも
おそい春《はる》がやってきました。
野《の》も谷《たに》も
村《むら》も町《まち》も
いのちのときを
むかえています。
小《ちい》さな花《はな》たちが
春《はる》の日《ひ》にかがやき
とてもうれしそうです。
こねずみ揚《あ》げを
食《た》べていたら
テントウムシが飛《と》んできて
わたしの肩《かた》に
そっととまりました。
草《くさ》の香《かお》りを乗《の》せて
風《かぜ》が流《なが》れていきます。

道《どう》具《ぐ》

ボウル
ふるい
なべ
木《き》べら
すりおろし器《き》
クッキングシート（オーブン用《よう》）
食品用《しょくひんよう》ラップ
ふきん
まな板《いた》
ナイフ　など

こねずみ揚《あ》げ の 作《つく》り方《かた》

材《ざい》料《りょう》（16個分《こぶん》）

強力粉《きょうりきこ》……250グラム
ドライイースト……7.5グラム
グラニュー糖《とう》……20グラム
牛乳《ぎゅうにゅう》……170ミリリットル
塩《しお》……少々《しょうしょう》
レモンの皮《かわ》のすりおろし……2分《ぶん》の1個分《こぶん》
皮《かわ》つきアーモンド……8粒《つぶ》
レーズン……32粒《つぶ》
揚《あ》げ油《あぶら》……適量《てきりょう》
バター……少々《しょうしょう》
麻《あさ》ひも（12センチ）……16本《ぼん》

①ボウルに強力粉《きょうりきこ》をふるい入《い》れ、中央《ちゅうおう》をくぼませたところにドライイースト、グラニュー糖《とう》、レモンの皮《かわ》のすりおろし、塩《しお》を加《くわ》える。

②①に人肌《ひとはだ》に温《あたた》めた牛乳《ぎゅうにゅう》を加《くわ》えて、手《て》で少《すこ》しずつ混《ま》ぜ合《あ》わせ、生地《きじ》が手《て》につかなくなるまでよくこねる。

③生地《きじ》がきめ細《こま》かく、なめらかになったら、ひとまとめにして丸《まる》め、うすくバターをぬったボウルに入《い》れる。生地《きじ》がかわかないように、ぬれたふきんでおおって温《あたた》かい場所《ばしょ》（27～30度《ど》）に置《お》き、約《やく》2倍《ばい》になるまで発酵《はっこう》させる。

④③をまな板《いた》の上《うえ》に取《と》り出《だ》し、軽《かる》くおさえ、ガスをぬく。

⑤生地《きじ》を30グラムずつに分《わ》け、1個《こ》ずつ丸《まる》める。

⑥生地《きじ》の一方《いっぽう》の先《さき》をとがらせて、しずく形《がた》にする。

⑦天《てん》パンにクッキングシートをしき、⑥を間隔《かんかく》をあけて並《なら》べ、ラップをかけて10分《ぷん》おき、発酵《はっこう》させる。

⑧耳《みみ》になるアーモンドはたて半分《はんぶん》に切《き》る。

⑨発酵《はっこう》した生地《きじ》を１７０度《ど》に熱《ねっ》した油《あぶら》で揚《あ》げる。

⑩こんがりと色《いろ》がついたらＯＫ！熱《あつ》いうちにアーモンドで耳《みみ》、レーズンで目《め》、麻《あさ》ひもでしっぽをつける。

ここがポイント

アーモンドやレーズンを耳《みみ》や目《め》に利用《りよう》する。

ノルウェー

ヨハニスベア・ゲッターシュパイゼ

輝《かがや》くような赤《あか》いデザート「ヨハニスベア・ゲッターシュパイゼ」は、ノルウェーを代表《だいひょう》するお菓子《かし》です。「ヨハニスベア」は「スグリ」、「ゲッターシュパイゼ」は「神々《かみがみ》の食《た》べ物《もの》」という意味《いみ》とともに「おいしい物《もの》」という意味《いみ》もあります。

スグリの中《なか》でも小《ちい》さな赤《あか》い実《み》をつける「アカスグリ」は、英名《えいめい》を「レッドカラント」といいます。酸味《さんみ》が強《つよ》いので、ジャムやゼリーなどに加工《かこう》されたり、ケーキの飾《かざ》りに使《つか》われたりします。

この赤《あか》スグリにお砂糖《さとう》をふりかけ、一～二時間《じかん》置《お》きます。シナモンとバニラシュガーのシロップを作《つく》り、カラントの実《み》を煮出《にだ》します。これにゼラチンを加《くわ》え、型《かた》に流《なが》して固《かた》めると美《うつく》しい「ヨハニスベア・ゲッターシュパイゼ」ができあがります。宝《ほう》石《せき》のルビーのような赤《あか》い実《み》レッドカラントが生《う》み出《だ》した、神《かみ》さまが愛《あい》してやまない美《うつく》しいお菓子《かし》です。

ノルウェーのお菓子《かし》の特徴《とくちょう》

スカンジナビア半島《はんとう》の西側《にしがわ》に位置《いち》するノルウェー王国《おうこく》。一年の半分《はんぶん》が雪《ゆき》に閉《と》ざされる厳《きび》しい環境《かんきょう》ですが、冬《ふゆ》は「オーロラ」、短《みじか》い夏《なつ》には「白《びゃく》夜《や》」が見《み》られ、海岸沿《かいがんぞ》いには氷河《ひょうが》の浸食《しんしょく》によって生《う》まれた海岸線《かいがんせん》「フィヨルド」が続《つづ》くという雄大《ゆうだい》で美《うつく》しい国《くに》です。

一日の食事《しょくじ》のほとんどは、パンにチーズをぬった軽食《けいしょく》ですませることが多《おお》いのでチーズは必需品《ひつじゅひん》。中《なか》でも特別《とくべつ》な方法《ほうほう》で作《つく》ったヤギの乳《ちち》のチーズ「ヤイトウスト」は、ノルウェーの特産物《とくさんぶつ》です。

お菓子《かし》にも牛乳《ぎゅうにゅう》やクリーム入《い》りなどの乳製品《にゅうせいひん》を使《つか》ったものが多《おお》く、クリーム入《い》りクレープ菓子《がし》「クルームカーケ」などは長《なが》く愛《あい》されています。

また、貴重《きちょう》なビタミン源《げん》として森《もり》でとれるスグリやブルーベリーなどのベリー類《るい》をふんだんに使《つか》うことも特徴《とくちょう》といえるでしょう。

ノルウェーのお菓子《かし》

クランセカーケ アーモンドの粉《こな》とメレンゲを混《ま》ぜて焼《や》いたリング状《じょう》の焼《や》き菓子《がし》を塔《とう》のように積《つ》み上《あ》げたもの。

白夜《びゃくや》の季節《きせつ》
真夜中《まよなか》になっても
町《まち》はしらじらと明《あか》るく
北極《ほっきょく》に近《ちか》い町《まち》では
太陽《たいよう》がしずまない
ふしぎな夜《よる》が続《つづ》きます。
朝焼《あさや》けでもない
夕焼《ゆうや》けでもない
神秘的《しんぴてき》な空《そら》の下《した》
赤《あか》いカラントの実《み》をつんで
朝食《ちょうしょく》のテーブルに
並《なら》べましょう。
北欧《ほくおう》の短《みじか》い夏《なつ》は
かけ足《あし》ですぎていきます。

ヨハニスベア・ゲッターシュパイゼの作《つく》り方《かた》

道《どう》具《ぐ》

木《き》べら
なべ
レードル（お玉《たま》）
ボウル
リング型《がた》
しぼり袋《ぶくろ》
口金《くちがね》（星型《ほしがた》）　など

材《ざい》 料《りょう》 （15センチのリング型《がた》1台分《だいぶん》）

赤《あか》スグリのピューレ（冷凍《れいとう》）……200グラム
水《みず》 ……200ミリリットル
グラニュー糖《とう》 ……150グラム
赤《あか》スグリの粒《つぶ》（生《なま》または冷凍《れいとう》のもの）……50グラム

〈ゼラチン〉
粉《こな》ゼラチン ……15グラム
水《みず》 ……75ミリリットル

〈ホイップクリーム〉
生《なま》クリーム ……100ミリリットル
砂糖《さとう》 ……10グラム

〈飾《かざ》り〉
セルフィーユ（セリ科《か》のハーブ） ……適量《てきりょう》

❶粉《こな》ゼラチンは水《みず》でふやかしておく。粒《つぶ》の赤《あか》スグリが冷凍《れいとう》の場合《ばあい》は解凍《かいとう》しておく。

❷赤《あか》スグリのピューレは、凍《こお》ったままなべに入《い》れ、水《みず》、グラニュー糖《とう》とともに中火《ちゅうび》にかける。木《き》べらで混《ま》ぜ、グツグツしてきたら火《ひ》を止《と》め、ふやかしておいたゼラチン、赤《あか》スグリの粒《つぶ》を加《くわ》える。

❸❷をボウルにうつし、氷水《こおりみず》にあて、冷《さ》ます。

❹冷《さ》めたら型《かた》にレードルなどを使《つか》い、流《なが》し入《い》れる。

❺❹を冷蔵庫《れいぞうこ》に入《い》れ、固《かた》める。

❻P9「基本《きほん》テクニック」を参照《さんしょう》し「ホイップクリーム」を作《つく》る。星型《ほしがた》の口金《くちがね》をつけ、しぼり袋《ぶくろ》に入《い》れておく。

❼冷《ひ》やし固《かた》めたゼリーを型《かた》のまま、表面《ひょうめん》がぬれないようにぬるま湯《ゆ》にさっとひたし、皿《さら》にあける。

❽周囲《しゅうい》をホイップクリームで飾《かざ》り、セルフィーユを散《ち》らす。

ここが ポイント

ゼラチンが冷《ひ》え、ややとろみがつくまでしっかりと氷《こおり》水《みず》にあてておく。

ルクセンブルク

イースター・チョコレートケーキ

イースター（復活祭《ふっかつさい》）は、イエス・キリストの復活《ふっかつ》をお祝《いわ》いし、記念《きねん》する日《ひ》です。ヨーロッパにはキリスト教《きょう》を信《しん》じる国《くに》がたくさんありますが、ルクセンブルクもその一つ。イースターの時期《じき》には、国中《くにじゅう》がお祝《いわ》いムードになります。

「イースター」は、もともと「春《はる》の女神《めがみ》」を意味《いみ》する言葉《ことば》だそうですが、「季節《きせつ》の再生《さいせい》」や「命《いのち》のよみがえり」であるこの時期《じき》には、タマゴやヒヨコ、魚《さかな》をかたどったチョコレート菓子《がし》やキャンディーなどが多《おお》く見《み》られます。ヨーロッパの人《ひと》たちは、再生《さいせい》の象徴《しょうちょう》であるタマゴやヒヨコ、ウサギなどをお菓子《かし》の中《なか》に表現《ひょうげん》することで喜《よろこ》びを表《あらわ》します。

チョコレートが有名《ゆうめい》なルクセンブルクでは、チョコレートケーキにマジパン（アーモンドの粉末《ふんまつ》と砂糖《さとう》を混《ま》ぜてねんど状《じょう》にした材料《ざいりょう》）でかたどったヒヨコやタマゴをのせてイースター用《よう》のケーキにして、みんなでお祝《いわ》いします。

ルクセンブルクのお菓子《かし》の特徴《とくちょう》

西《にし》ヨーロッパに位置《いち》するルクセンブルクは、周囲《しゅうい》をフランスやベルギー、ドイツに囲《かこ》まれた国《くに》で、ベルギーとオランダとあわせて「ベネルクス三国《ごく》」とも呼《よ》ばれます。

小《ちい》さな国《くに》ですが、恵《めぐ》まれた自然環《しぜんかん》境《きょう》の中《なか》、世界各国《せかいかっこく》の銀行《ぎんこう》やEU《イーユー》の諸《しょ》機関《きかん》が置《お》かれ、経済力《けいざいりょく》の強《つよ》い国《くに》としても知《し》られています。とても格式《かくしき》が高《たか》く、美食《びしょく》の国《くに》としても有名《ゆうめい》で、フランスやベルギー、ドイツ風《ふう》のお菓《か》子《し》があり、変化《へんか》に富《と》んでいます。中《なか》でも、チョコレートやフルーツを多《おお》く使《つか》っているのが特徴《とくちょう》です。

最近《さいきん》ではスイスの名物《めいぶつ》としても有《ゆう》名《めい》になった小《こ》ぶりのマカロン「ルクセンブルグリ・マカロン」は、ルクセンブルクが発祥地《はっしょうち》といわれます。この国《くに》の職人《しょくにん》がスイスへ持《も》ちこんだそうです。お菓子《かし》は、あっという間《ま》に国境《こっきょう》を越《こ》えてしまうのですね。

ルクセンブルクのお菓子《かし》

ル・バムクッフ 日本ではバウムクーヘンの名前《なまえ》で輪切《わぎ》りにされて売《う》られている焼《や》き菓子《がし》。

イースターが
やってきました。
お菓子屋《かしや》さんには
タマゴやウサギ
魚《さかな》の形《かたち》のチョコレートが
ところせましと並《なら》び
黄色《きいろ》いヒヨコがのっている
イースター用《よう》の
チョコレートケーキが
飾《かざ》られています。
お店《みせ》の中《なか》は
お祝《いわ》いの人《ひと》たちで
とてもにぎやかです。
お祈《いの》りが終《お》わったので
庭《にわ》ではパーティーの
準備《じゅんび》が始《はじ》まりました。
わたしはアンナや
ミッシェルたちと
タマゴさがしを楽《たの》しみます。
今年《ことし》はタマゴを
いくつ見《み》つけられるかな？

イースター・チョコレートケーキの作《つく》り方《かた》

道《どう》具《ぐ》

ボウル	クッキングシート（オーブン用《よう》）
ふるい	ケーキ型《がた》（18センチ）
なべ	ナイフ
泡《あわ》立《だ》て器《き》	食品用《しょくひんよう》ラップ
ゴムべら	パレットナイフ　など
はけ	

材《ざい》 料《りょう》（18センチ型《がた》1台分《だいぶん》）

〈ココア入《い》りスポンジケーキ〉

卵《たまご》 ……3個《こ》

グラニュー糖《とう》 ……100グラム

薄力粉《はくりきこ》 ……80グラム

ココア ……12グラム

無塩《むえん》バター ……50グラム

〈ガナッシュ〉

スイートチョコレート ……250グラム

生《なま》クリーム ……250ミリリットル

無塩《むえん》バター ……10グラム

〈シロップ〉

水《みず》 ……100ミリリットル

グラニュー糖《とう》 ……50グラム

細工用《さいくよう》マジパン 200グラム

食用色素《しょくようしきそ》（黄《き》・緑《みどり》・赤《あか》） 各少々《かくしょうしょう》

❶P8「基本《きほん》テクニック」を参照《さんしょう》し「スポンジケーキ」を作《つく》る。薄力粉《はくりきこ》をふるいにかけるとき、ココアもいっしょにふるいにかける。後《あと》は同《おな》じ手順《てじゅん》で焼《や》き上《あ》げる。

❷水《みず》とグラニュー糖《とう》をなべに入《い》れ、火《ひ》にかけてひと煮立《にた》ちさせ、冷《ひ》やし、シロップを作《つく》る。

❸スイートチョコレートはナイフで細《こま》かくきざみ、ボウルに入《い》れる。

❹生《なま》クリームをなべに入《い》れ、沸騰《ふっとう》直前《ちょくぜん》まで温《あたた》める。

❺❸に温《あたた》めた生《なま》クリームを一度《いちど》に加《くわ》え、静《しず》かに混《ま》ぜる。途中《とちゅう》、バターも加《くわ》え、完全《かんぜん》に混《ま》ぜ合《あ》わせ、ガナッシュを作《つく》る。

❻表面《ひょうめん》にぴったりとラップを密着《みっちゃく》させ、そのまま冷《さ》ます。

❼ココア入《い》りスポンジケーキを横《よこ》に3枚《まい》に切《き》る。

❽シロップをはけでぬり、ガナッシュをぬり、スポンジを重《かさ》ねていく。表面《ひょうめん》にもパレットナイフなどを使《つか》い、❻のガナッシュをぬる。

❾細工用《さいくよう》マジパンで、ヒヨコや花《はな》などを作《つく》って飾《かざ》る。

※「ガナッシュ」とは、温《あたた》かい生《なま》クリームにチョコレートを溶《と》かしこんで作《つく》る口《くち》どけのよいチョコレートのこと。

ここが ポイント

生《なま》クリームの熱《ねつ》でチョコレートが溶《と》けるので、泡立《あわだ》て器《き》で静《しず》かに混《ま》ぜる。

トルコ

ロクム

「ロクム」は、英語《えいご》で「ターキッシュ・ディライト（トルコの喜《よろこ》び）」と呼《よ》ばれるゼリー状《じょう》のとても甘《あま》い、トルコの代表的《だいひょうてき》なお菓子《かし》の一つです。

十五世紀《せいき》には知《し》られていたという「ロクム」は、イギリスの物語《ものがたり》「ナルニア国物語《こくものがたり》」にも出《で》てきます。

もちもちっとした食感《しょっかん》は、和菓子《わがし》の「ぎゅうひ」に似《に》ています。レモンやバラの香《かお》りのものが一般的《いっぱんてき》ですが、クルミやピスタチオ、アーモンドなどのナッツ類《るい》が入《はい》っていることもあります。

「ロクム」は、砂糖《さとう》を水《みず》に溶《と》かして火《ひ》にかけてしばらく煮《に》つめ、コーンスターチなどのでんぷんを水《みず》で溶《と》いて入《い》れます。とろっとしたところに、レモン汁《じる》を入《い》れてバットなどに流《なが》して固《かた》めます。冷《さ》めたら長方形《ちょうほうけい》に切《き》ってコーンスターチをまぶせばできあがり！「チャイ」というお茶《ちゃ》といっしょにいただきましょう。

トルコのお菓子《かし》の特徴《とくちょう》

アジアとヨーロッパの分岐点《ぶんきてん》に位《い》置《ち》するトルコは、オスマン帝国時代《ていこくじだい》には、東《ひがし》ヨーロッパや北《きた》アフリカまで支配《しはい》した国《くに》でした。その姿《すがた》を今《いま》に伝《つた》える大聖堂《だいせいどう》「アヤソフィア」（現《げん》在《ざい》は博物館《はくぶつかん》）をふくむ地区《ちく》は、「イスタンブール歴史地域《れきしちいき》」として世界《せかい》遺産《いさん》に登録《とうろく》されています。

このような地理的理由《ちりてきりゆう》や歴史的《れきしてき》な特異性《とくいせい》からか、トルコには独特《どくとく》の雰《ふん》囲気《いき》がただよっていて、それはこの国《くに》の豊《ゆた》かな食文化《しょくぶんか》にも影響《えいきょう》しています。

トルコのお菓子《かし》の特徴《とくちょう》は、まず「とても甘《あま》い」ということです。トルコでは、みんな甘《あま》いものが大好《だいす》きで、家《いえ》には甘《あま》いお菓子《かし》が欠《か》かせないそうです。

また、ピスタチオやアーモンドなどのナッツ類《るい》や果物《くだもの》を多《おお》く使《つか》う点《てん》や、チーズやヨーグルトなどの乳製品《にゅうせいひん》が多《おお》く使《つか》われていることも特徴《とくちょう》といえるでしょう。

トルコのお菓子《かし》

ドンドルマ 牛乳《ぎゅうにゅう》と砂糖《さとう》にサレップという植物《しょくぶつ》の根《ね》からって粉末《ふんまつ》にしたものを加《くわ》えた氷菓子《こおりがし》。ねばりがあるのが特徴《とくちょう》。日本では「トルコアイス」として有名《ゆうめい》。

夕《ゆう》日《ひ》がエーゲ海《かい》にしずむと
モスクの上《うえ》には
満《まん》天《てん》の星《ほし》空《ぞら》が広《ひろ》がりました。
こんな夜《よる》には
アラビアンナイトの
夢《ゆめ》をみましょう。
空《そら》飛《と》ぶじゅうたんで
アヤソフィアを出《しゅっ》発《ぱつ》。
三《み》日《か》月《づき》に見《み》送《おく》られ
ひと晩《ばん》かけて
世《せ》界《かい》中《じゅう》をめぐります。

道《どう》具《ぐ》

なべ
木《き》べら
バット（25 センチ角《かく》）
ナイフ　など

ロクムの作《つく》り方《かた》

材《ざい》　料《りょう》　(25センチ角《かく》のバット1枚分《まいぶん》)

グラニュー糖《とう》　……225グラム

クリームタータ　……小《こ》さじ4分《ぶん》の1

※クリームタータはお菓子《かし》の材料屋《ざいりょうや》さんで手《て》に入《はい》ります

粉糖《ふんとう》　……100グラム

コーンスターチ　……45グラム

ハチミツ　……30グラム

水《みず》　……450ミリリットル

レモン汁《じる》　……2分《ぶん》の1個分《こぶん》

コーンスターチ（仕上《しあ》げ用《よう》）　……適量《てきりょう》

❶グラニュー糖《とう》と水《みず》50ミリリットルを合《あ》わせ、煮《に》つめる。

❷なべ底《ぞこ》を水《みず》につけ、少《すこ》し冷《さ》ます。

❸クリームタータ、粉糖《ふんとう》、コーンスターチ、水《みず》400ミリリットルを混《ま》ぜ合《あ》わせ、静《しず》かに強火《つよび》で沸騰《ふっとう》させる。

❹❷のシロップを加《くわ》えて、火《ひ》を弱《よわ》め、木《き》べらで混《ま》ぜながら、さらに20～30分煮《ぶんに》つめる。

❺❹にハチミツ、レモン汁《じる》の順《じゅん》に入《い》れる。

❻コーンスターチをしいたバットに流《なが》し、すずしいところで固《かた》める。

❼長方形《ちょうほうけい》にひと口大《くちだい》に切《き》り、ひと切《き》れずつコンスターチをまぶす。

ここが ポイント

ひと口大《くちだい》に切《き》ったロクムにコーンスターチをまぶす。

ポーランド

ポンチキ

かわいいひびきを持《も》つ「ポンチキ」は、ポーランド語《ご》で「つぼみちゃんたち」という意味《いみ》です。ポーランドでは有名《ゆうめい》なお菓子《かし》で、ケーキ屋《や》さんやパン屋《や》さんには必《かなら》ず並《なら》んでいます。

「ポンチキ」は、平《ひら》たい球形《きゅうけい》の生《き》地《じ》の中《なか》にバラのジャムや、フルーツジャムをはさみ、ラードでカリッと揚《あ》げたドーナツです。仕上《しあ》げに粉砂《こなざ》糖《とう》を上《うえ》からたっぷりふります。今《いま》では、中身《なかみ》にフレッシュクリームやチョコレートクリームを入《い》れることもあるそうです。

キリスト教《きょう》のカトリック教徒《きょうと》が多《おお》いポーランドでは、イースター（復《ふっ》活祭《かっさい》）前日《ぜんじつ》までの四十日間《かん》（四旬《しじゅん》節《せつ》）を、肉《にく》やアルコールをひかえたり、好《す》きなものをがまんしたりして節制《せっせい》の日々《ひび》を送《おく》ります。その四旬節《しじゅんせつ》をむかえる直前《ちょくぜん》の木曜日《もくようび》を「脂《あぶら》の木《もく》曜日《ようび》」と呼《よ》び、思《おも》いきり食《た》べて盛《も》り上《あ》がる習慣《しゅうかん》があり、その日《ひ》にはみんなで「ポンチキ」を大量《たいりょう》に食《た》べます。かわいい名前《なまえ》からは想像《そうぞう》ができない習慣《しゅうかん》ですね。

ポーランドのお菓子《かし》の特徴《とくちょう》

ヨーロッパ東部《とうぶ》の国《くに》ポーランドは、大国《たいこく》の侵略《しんりゃく》をくり返《かえ》し受《う》けた国《くに》ですが、古《ふる》くは「ポーランド王国《おうこく》」としてはなやかに栄《さか》えていた時代《じだい》もありました。

フランス王《おう》ルイ十五世《せい》のきさきマリー・レクチンスカの父《ちち》、スタニスラス・レクチンスキー王《おう》の時代《じだい》は、宮廷文化《きゅうていぶんか》が咲《さ》きほこり、娘《むすめ》の元《もと》には次々《つぎつぎ》においしいお菓子《かし》が届《とど》けられ、おかげでフランスに食文化《しょくぶんか》が花開《はなひら》きました。「マドレーヌ」や「ババ」、ボローバンという器《うつわ》の形《かたち》のパイにクリームをつめた「ブッシェ・ア・ラ・レーヌ」は、ポーランドゆかりのお菓子《かし》です。

素朴《そぼく》な焼《や》き菓子《がし》が多《おお》いのが一番《いちばん》の特徴《とくちょう》ですが、今《いま》の時代《じだい》まで愛《あい》され続《つづ》けているお菓子《かし》が多《おお》いことも大《おお》きな特徴《とくちょう》といえるでしょう。

ポーランドのお菓子《かし》

シャルロトカ りんごのジャムをはさんだケーキ。

セルニック ポーランドのチーズケーキ。

静《しず》まりかえった森《もり》の中《なか》で
じっと耳《みみ》をすましていると
鈴《すず》を鳴《な》らしたような音《おと》が
かすかに聞《き》こえてきます。
リンリンリンリン……
チリリリリン……。
それは
花《はな》のつぼみの妖精《ようせい》たちの
おしゃべりでした。
楽《たの》しそうな
幸《しあわ》せそうな
まるで
音楽《おんがく》のようなひびきは
バラの香《かお》りの風《かぜ》に乗《の》って
森《もり》の奥《おく》へ奥《おく》へと
運《はこ》ばれていきました。

オランダ

ボッシュボル

オランダ南部《なんぶ》の都市《とし》スヘルトーヘンボス（デンボッシュ）の名物《めいぶつ》「ボッシュボル」は、十二世紀《せいき》ごろから作《つく》られている伝統菓子《でんとうがし》です。この町《まち》を訪《おとず》れる人《ひと》は必《かなら》ず食《た》べるといわれるほど、地元《じもと》のお菓子屋《かしや》さんには朝《あさ》から大行列《だいぎょうれつ》ができ、一年中《いちねんじゅう》にぎわっています。

大《おお》きさはテニスボールよりやや大《おお》きめ。生《なま》クリームがたっぷり入《はい》ったシュークリームをチョコレートでコーティングしています。甘《あま》そうな感《かん》じを受《う》けますが、生《なま》クリームが軽《かる》いので見《み》た目《め》ほどではありません。でも、一個《こ》でおなかいっぱいになるかも！

シュークリーム（「シュー」はフランス語《ご》で「キャベツ」という意《い》味《み》）は、もともとフランス生《う》まれですが、オランダのシューは、皮《かわ》が厚《あつ》くてしっかりした食感《しょっかん》です。ドイツ語《ご》で「風《かぜ》のふくろ」という意味《いみ》の「ビントボイテル」とも呼《よ》ばれています。オランダの風《かぜ》を閉《と》じこめたお菓子《かし》なんですね。

オランダのお菓子《かし》の特徴《とくちょう》

ヨーロッパの西部《せいぶ》に位置《いち》するオランダは、国土《こくど》の四分《ぶん》の一が海面《かいめん》より下《した》にあります。風車《ふうしゃ》とチューリップの国《くに》としても知《し》られる美《うつく》しい国《くに》です。ヨーロッパの中《なか》でも早《はや》い段階《だんかい》で日本とのおつき合《あ》いが始《はじ》まり、鎖国《さこく》のころも交易《こうえき》が続《つづ》いていました。長崎市《ながさきし》の出島《でじま》には、当時《とうじ》を語《かた》るオランダ商《しょう》館跡《かんあと》が残《のこ》っています。

オランダ人《じん》は、日本へ食文化《しょくぶんか》も運《はこ》びました。今《いま》では手軽《てがる》に食《た》べられるドーナツは、オランダが起源《きげん》です。原型《げんけい》となったのは、小麦粉《こむぎこ》と砂糖《さとう》、卵《たまご》で作《つく》った生地《きじ》を発酵《はっこう》させ、ラードで揚《あ》げた「オリボール」だといわれています。酪農《らくのう》が盛《さか》んな国《くに》でもあるので、質《しつ》のよい乳製品《にゅうせいひん》が生《う》まれます。バターやチーズを使《つか》ったお菓子《かし》が多《おお》いのも特徴《とくちょう》の一つです。

オランダのお菓子《かし》

ストロープワッフル チーズで有《ゆう》名《めい》なゴーダで生《う》まれた伝統菓子《でんとうがし》。

オリボール 丸《まる》いボール状《じょう》のドーナツ。リンゴやレーズンなどが入《はい》っているお菓子《かし》。

赤《あか》や黄色《きいろ》のチューリップが
大地《だいち》をいろどり始《はじ》めました。
みんなが首《くび》を長《なが》くして
待《ま》っていた春《はる》。
花《はな》も草《くさ》も
こずえの葉《は》っぱも
目《め》ざめのときをむかえて
うれしそう。
わたしは
ボッシュボルと
お花《はな》を持《も》って
おばあちゃんの
おみまいです。
運河《うんが》の上《うえ》を
やさしい風《かぜ》が
ふきわたっていきます。

ベルギーI

ワッフル

格子柄《こうしがら》の凸凹《でこぼこ》がおもしろい「ワッフル」は、大《おお》きく二種類《しゅるい》に分《わ》けられます。表面《ひょうめん》にパールシュガーをふりかけて、ざらっとした歯《は》ごたえのリエージュタイプと、長方形《ちょうほうけい》で溝《みぞ》も浅《あさ》い、サクッとした歯《は》ごたえのブリュッセルタイプがあります。元祖《がんそ》はリエージュタイプで、凸凹《でこぼこ》のある格子柄《こうしがら》の焼《や》きあとが特徴的《とくちょうてき》です。

材料《ざいりょう》は、小麦粉《こむぎこ》とバター、砂糖《さとう》が基本《きほん》で、フルーツやチョコレート、お酒《さけ》などで味《あじ》に変化《へんか》をつけています。

ベルギーでは、日常的《にちじょうてき》に食《た》べられているお菓子《かし》ですが、お誕生日《たんじょうび》など、ここ一番《いちばん》という特別《とくべつ》な日《ひ》にも家庭《かてい》で焼《や》かれ、味《あじ》わうという習慣《しゅうかん》があります。飾《かざ》りたてたお菓子《かし》ではありませんが、ベルギーの町並《まちな》みのような落《お》ち着《つ》いた雰囲気《ふんいき》と温《あたた》かみがあるお菓《か》子《し》です。

ベルギーのお菓子《かし》の特徴《とくちょう》

ベルギーを代表《だいひょう》するお菓子《かし》には、チョコレートも欠《か》かせません。チョコレートの始《はじ》まりはスペインですが、今《いま》ではベルギーが世界《せかい》でも有名《ゆうめい》なチョコレートの国《くに》になりました。

ヨーロッパでは格調高《かくちょうたか》い贈《おく》り物《もの》としてチョコレートボンボンが使《つか》われるのですが、首都《しゅと》ブリュッセルにはEU《イーユー》本部《ほんぶ》があるため、外国《がいこく》の人《ひと》が多《おお》く集《あつ》まります。チョコレートをおみやげとして自国《じこく》に持《も》ち帰《かえ》りますから、おかげでベルギーチョコは世界中《せかいじゅう》に発信《はっしん》されました。ゴディバやヴィタメールなどのお店《みせ》は日本でも有名《ゆうめい》ですね。

また、ピエール・マルコリーニさんが作《つく》るチョコレートボンボンは、最高級《さいこうきゅう》と評価《ひょうか》されています。

公用語《こうようご》はフランス語《ご》、オランダ語《ご》、ドイツ語《ご》ですが、ベルギー人《じん》は、フランス的《てき》な感性《かんせい》を多《おお》く持《も》っています。繊細《せんさい》なレース作《づく》りの技術《ぎじゅつ》からもわかるように、フランス的《てき》な細《こま》やかな技《ぎ》術《じゅつ》とおしゃれ感覚《かんかく》は、ベルギーのお菓子《かし》の中《なか》にも見《み》られます。

ベルギーのお菓子《かし》

スペキュロス シナモンやクローブ、ブラウンシュガーが入《はい》ったビスケット。

タルト・オ・リ 米《こめ》を使《つか》ったタルトで、リエージュ州《しゅう》の名物《めいぶつ》。

広場《ひろば》のカリヨンが
三時《じ》を告《つ》げました。
ちょっぴり
おなかがすいたので
ジョルジュさんのお店《みせ》で
ワッフルを一つ買《か》いました。
おじさんが焼《や》くワッフルは
魔法《まほう》のワッフルです。
甘《あま》くて
香《こう》ばしくて
ひと口《くち》食《た》べると
心《こころ》の中《なか》にポッと
明《あ》かりがともるようです。
光《ひかり》の色《いろ》を変《か》えたお日《ひ》さまが
西《にし》の空《そら》に
かたむきはじめました。
もうすぐ町《まち》に
夕《ゆう》ぐれがやってきます。

ルーマニア パスカ

ルーマニアのケーキといえば「パスカ」が有名《ゆうめい》です。「パスカ」は、イースター（復活祭《ふっかつさい》）などのお祝《いわ》いに欠《か》かせないケーキで、お祝《いわ》いの日《ひ》が近《ちか》づくと各家庭《かくかてい》で焼《や》かれます。東《とう》方正教会《ほうせいきょうかい》（キリスト教《きょう》の教派《きょうは》の一つ）を信《しん》じる人《ひと》が多《おお》く住《す》んでいますが、この正教会《せいきょうかい》を信《しん》じる国《くに》では、イースター期間中《きかんちゅう》にこのケーキを食《た》べるそうです。実《じつ》はこの「パスカ」には、キリスト教《きょう》の象徴《しょうちょう》が盛《も》りこまれているんですよ。例《たと》えば、「パスカ」の中身《なかみ》ですが、黄色《きいろ》と白《しろ》の渦《うず》もようは「キリストの復活《ふっかつ》」を、白《しろ》い部分《ぶぶん》は「精霊《せいれい》」を表《あらわ》しているといわれます。

「パスカ」は、甘《あま》いパン生地《きじ》に、「ブルンザ」というルーマニアの白《しろ》チーズと卵《たまご》、砂糖《さとう》、レーズンを混《ま》ぜたものを重《かさ》ねて、パン生地《きじ》でふたをかぶせます。上《うえ》にパン生地《きじ》で、十字《じゅうじ》架《か》を形作《かたちづく》り、焼《や》き上《あ》げます。信仰《しんこう》にあつい国《くに》らしく、オーブンに入《い》れる前《まえ》には神様《かみさま》へ祈《いの》りをささげるそうですよ。

ルーマニアのお菓子《かし》の特徴《とくちょう》

東《ひがし》ヨーロッパに位置《いち》するルーマニアは、中世《ちゅうせい》の町並《まちな》みを残《のこ》した美《うつく》しい国《くに》です。勇者《ゆうしゃ》ヘラクレスが、戦《たたか》いで傷《きず》ついた体《からだ》をいやしたといわれる伝《でん》説《せつ》の温泉《おんせん》もあって、ヨーロッパ中《じゅう》から美《び》と健康《けんこう》を求《もと》める人《ひと》がやって来《き》ます。地方《ちほう》によって土質《どしつ》がちがうため、さまざまな種類《しゅるい》の作物《さくもつ》が作《つく》られます。小麦《こむぎ》やトウモロコシなどの穀類《こくるい》のほか、ブドウやリンゴ、プルーン、クルミ、サワーチェリー、メロンなどの果物《くだもの》も豊富《ほうふ》です。

また、酪農《らくのう》も盛《さか》んなので、質《しつ》のよい牛乳《ぎゅうにゅう》やバター、チーズも生《う》まれますから、お菓子作《かしづく》りに必要《ひつよう》な材料《ざいりょう》が勢《せい》ぞろいです。ルーマニアの土地《とち》が育《はぐ》んだ良質《りょうしつ》な材料《ざいりょう》を使《つか》った、家庭的《かていてき》で素朴《そぼく》な焼《や》き菓子《がし》が多《おお》いのが特徴《とくちょう》といえます。

ルーマニアのお菓子《かし》

パパナッシュ 油《あぶら》で揚《あ》げた球状《きゅうじょう》のドーナツにサワークリーム、サクランボのジャムなどをそえたお菓子《かし》。

スパイラルクッキー 赤《あか》や緑《みどり》の色《いろ》粉《こ》を入《い》れた生地《きじ》を重《かさ》ねて巻《ま》き、小《ちい》さく切《き》り分《わ》けてから焼《や》いたクッキー。

ある晴《は》れた日曜日《にちようび》、
家族《かぞく》でピクニックに
出《で》かけました。
五月の草原《そうげん》は
チョウが飛《と》び回《まわ》り
若草《わかくさ》の香《かお》りが
たちこめていました。
新鮮《しんせん》な空気《くうき》を
胸《むね》いっぱいに
すいこんだら
気分《きぶん》もパーッと
明《あか》るくなりました。
ママが作《つく》った
パスカを食《た》べに
アリたちの行進《こうしん》が続《つづ》きます。
草原《そうげん》はもうすぐ
夏色《なついろ》に変《か》わります。

ヨーロッパMAP《マップ》

ヨーロッパにはたくさんの国《くに》がありますが本文《ほんぶん》では26か国《こく》のお菓子《かし》をとりあげました。気候《きこう》も風土《ふうど》もさまざまです。地図《ちず》を確認《かくにん》しながら読《よ》んでみてください。

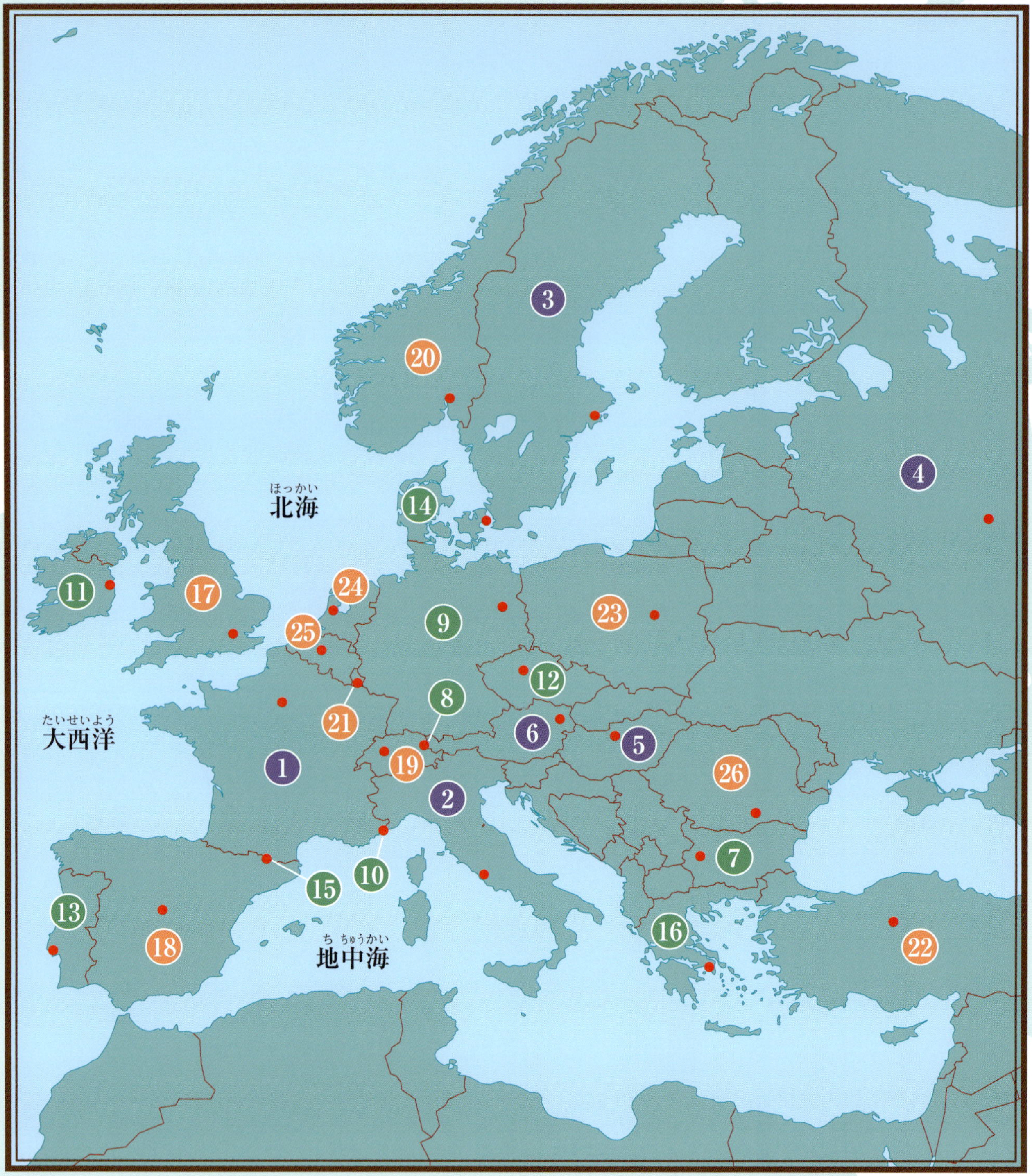

国名《こくめい》（首都《しゅと》）

第《だい》一章《しょう》

1 フランス（パリ）
2 イタリア（ローマ）
3 スウェーデン（ストックホルム）
4 ロシア（モスクワ）
5 ハンガリー（ブダペスト）
6 オーストリア（ウィーン）

第《だい》二章《しょう》

7 ブルガリア（ソフィア）
8 リヒテンシュタイン（ファドーツ）
9 ドイツ（ベルリン）
10 モナコ（モナコ）
11 アイルランド（ダブリン）
12 チェコ（プラハ）
13 ポルトガル（リスボン）
14 デンマーク（コペンハーゲン）
15 アンドラ（アンドララベリャ）
16 ギリシャ（アテネ）

第《だい》三章《しょう》

17 イギリス（ロンドン）
18 スペイン（マドリード）
19 スイス（ベルン）
20 ノルウェー（オスロ）
21 ルクセンブルク（ルクセンブルク）
22 トルコ（アンカラ）
23 ポーランド（ワルシャワ）
24 オランダ（アムステルダム）
25 ベルギー（ブリュッセル）
26 ルーマニア（ブカレスト）

あとがき

三種類《しゅるい》に分《わ》けられる伝統《でんとう》のお菓子《かし》

日本のお菓子屋《かしや》さんたちが、初《はじ》めてヨーロッパの国立製菓学校《こくりつせいかがっこう》へ研修旅行《けんしゅうりょこう》に行《い》く機会《きかい》に同行《どうこう》させてもらったのが、私《わたし》とお菓子《かし》との出合《であ》いでした。

当時《とうじ》、私《わたし》は小学生《しょうがくせい》の息子《むすこ》と娘《むすめ》の母《はは》でした。子《こ》どもたちが、一か月間《げつかん》の留守《るす》をがまんしてくれたのも、お菓子《かし》への夢《ゆめ》とあこがれがあったからです。その後《ご》、ヨーロッパ各国《かっこく》の製菓学校《せいかがっこう》に学《まな》びにでかけ、やがて、お菓子《かし》の研究家《けんきゅうか》の道《みち》を歩《あゆ》むようになりました。

今《いま》、日本にはたくさんのお菓子《かし》が売《う》られ、スイーツと呼《よ》ばれ親《した》しまれています。この本《ほん》で紹介《しょうかい》したのは、ヨーロッパに長《なが》い間《あいだ》伝《つた》えられている文化遺産《ぶんかいさん》ともいえるものなので「お菓子《かし》」と呼《よ》ぶことにしました。

これらのお菓子《かし》は、大《おお》きく三種類《しゅるい》に分類《ぶんるい》することができます。一つ目《め》は、はなやかな歴史《れきし》の舞台《ぶたい》で、お姫《ひめ》さまのパーティーなどから誕生《たんじょう》したお菓子《かし》。二つ目《め》は、その土地《とち》でとれるフルーツなどを使《つか》った一般《いっぱん》の家庭《かてい》で親《した》しまれ、お祝《いわ》いの日《ひ》などに楽《たの》しまれているお菓子《かし》。そして、三つ目《め》は、姿《すがた》や形《かたち》、名前《なまえ》がユーモアに富《と》んでいて、思《おも》わずわらってしまうお菓子《かし》です。

簡単《かんたん》に作《つく》ることができるように

伝統《でんとう》のお菓子《かし》にはかんたんな作《つく》り方《かた》のものもあれば、手間《てま》がかかり、高度《こうど》なテクニックが必要《ひつよう》なものもあります。現在《げんざい》、これを助《たす》けてくれる製菓材料《せいかざいりょう》も出回《でまわ》っているのでフィーユタージュ（パイ生地《きじ》）などはこれを使《つか》い、チョコレートもあつかいやすい材料《ざいりょう》で、失敗《しっぱい》なく作《つく》れるようにしました。

もともとお菓子《かし》は家庭《かてい》で作《つく》り、家族《かぞく》やお客《きゃく》さまをもてなすものとして誕生《たんじょう》しました。ですから少《すこ》しぐらいの失敗《しっぱい》にめげず、お菓子《かし》作《づく》りの夢《ゆめ》に挑戦《ちょうせん》してください。

レシピの中《なか》には、洋酒《ようしゅ》を用《もち》いたものや、健康《けんこう》によい甘味料《かんみりょう》「オリゴのおかげ」を使《つか》ったものも入《い》れました。大人《おとな》たちをあっとおどろかせたり、「いつまでもお元気《げんき》で」という言葉《ことば》をそえて年長者《ねんちょうしゃ》にさし上《あ》げたりしてくださいね。きっと喜《よろこ》ばれることでしょう。

お菓子《かし》をひきたてるテーブルセッティング

お菓子《かし》作《づく》りの楽《たの》しみは、そのお菓子《かし》にふさわしいお皿《さら》を選《えら》んで盛《も》りつけることにもあります。白磁《はくじ》の食器《しょっき》やガラス器《き》などに盛《も》ると、お菓子《かし》が生《い》き生《い》きとして引《ひ》き立《た》ちます。おもてなしのときには、きれいで、楽《たの》しい食器《しょっき》を選《えら》び、テーブルを舞台《ぶたい》のように飾《かざ》りましょう。これを「テーブルセッティング」といいます。

私《わたし》は新宿《しんじゅく》のデパートでティーサロンを開《ひら》いています。そこでは、実際《じっさい》に世界《せかい》のお菓子《かし》を味《あじ》わっていただいています。このサロンで二十六か国《こく》のお菓子《かし》を作《つく》り、「朝日小学生《あさひしょうがくせい》新聞《しんぶん》」に「今田美奈子《いまだみなこ》のヨーロッパお菓子物語《かしものがたり》」として半年間連載《はんとしかんれんさい》しました。それにレシピを加《くわ》えて、まとめたものがこの本《ほん》です。

これからの未来《みらい》をつくる子《こ》どもたちが、お菓子《かし》に興味《きょうみ》を持《も》ち、お菓子《かし》作《づく》りの楽《たの》しさや喜《よろこ》びを感《かん》じ、心豊《こころゆた》かな大人《おとな》に成長《せいちょう》してくれることを心《こころ》から願《ねが》っています。

結《むす》びに、お菓子《かし》の世界《せかい》を楽《たの》しく、かわいいイラストに描《えが》き、本《ほん》に花《はな》をそえてくださった青山《あおやま》みるくさんに心《こころ》から感謝《かんしゃ》いたします。出版《しゅっぱん》にあたり、朝日学生新聞社《あさひがくせいしんぶんしゃ》の沖浩《おきひろし》社長《しゃちょう》、編集部《へんしゅうぶ》の平松利津子《ひらまつりつこ》さんのお力添《ちからぞ》えに心《こころ》からお礼申《れいもう》し上《あ》げます。

二〇一二年十月　**今田美奈子**

今田美奈子（いまだ・みなこ）

東京生まれ。白百合短期大学英文科卒業。ヨーロッパ各国の製菓学校やホテル学校で伝統のお菓子やシュガーデコレーション、テーブルセッティングを学ぶ。「今田美奈子食卓芸術サロン」主宰。2003年にフランス政府より芸術文化勲章、2011年に農事功労章を受章。「国際食卓芸術アカデミー協会」会長。2009年、新宿髙島屋4階にミュージアムスタイルのティーサロン「サロン・ド・テ・ミュゼ イマダミナコ」をオープン。日本ペンクラブ会員。著書に、「お姫さまお菓子物語」（朝日学生新聞社）、「貴婦人が愛した食卓芸術」（角川書店）、「新・セレブリティのテーブルマナー」（主婦の友社）、「縁は器なもの」（中央公論新社）、「お姫さま養成講座」（ディスカヴァー・トゥエンティワン）ほか多数。

青山みるく（あおやま・みるく）

イラストレーター。雑誌の連載や本のさし絵を手がける。著書に「みるく・びすけっと・たいむ」1・2巻（サンリオ）、連載として朝日小学生新聞「花ものがたり」（朝日学生新聞社）、さし絵として「すてきなケティ」シリーズ1～4巻（ポプラ社）ほか多数。月刊「いちご新聞」（サンリオ）に「ミルク・ティータイム・ストーリー」連載中。

ヨーロッパ　お菓子物語

2012年10月5日　初版第1刷発行
2014年6月10日　第3刷発行

著者　今田美奈子
絵　青山みるく

発行者　吉田由紀
編集　平松利津子
装丁・DTPデザイン　李澤佳子
写真　渡辺英明（朝日学生新聞社）
編集協力　西村朋代（朝日学生新聞社）
「朝日小学生新聞」編集部
お菓子制作協力　馬田陽子、石川玲衣、岡聡美、丸井真理子、鹿野紀子、森井多佳子、武田徳子（今田美奈子食卓芸術サロン）
中村香織（サロン・ド・テ・ミュゼ　イマダミナコ）
協賛　塩水港精糖株式会社「オリゴのおかげ」
食器提供　アビランド輸入代理店（株）アイトー
発行所　朝日学生新聞社
〒104-8433東京都中央区築地5-3-2
電話　03・3545・5227（販売部）
03・3545・5436（出版部）
http://www.asagaku.jp（朝日学生新聞社の出版案内など）
印刷所　広研印刷株式会社

Printed in Japan ISBN978-4-904826-74-4

この本は、「朝日小学生新聞」2012年1月～6月連載の「今田美奈子のヨーロッパお菓子物語」を加筆修正し、再構成したものです。